지금 바로 써먹는

유튜브
말하기 수업

월급 이상 꼬박꼬박 수익내는 프로 유튜버들의 남다른 디테일

지금 바로 써먹는
유튜브
말하기 수업

박민영 지음

책들의정원

'알고 있다'가 아니라
'할 수 있다'가 되어야 한다

"유튜브를 하려고 하는데 제 목소리가 마음에 안 들어요. 전달을 재미있게 하고 싶은데 목소리로 표현하는 방법을 모르겠요."

"말을 잘했으면 좋겠어요. 말에도 표정이 있고 힘이 있잖아요. 자신 있게 말하는 법을 배워서 유튜브에 영상을 올리고 싶어요."

현장에서 만난 분들의 고민거리이다. 유튜브가 2008년 한국에 진출한 이후 만 10년이 지난 현재, 인터넷 이용자 중 60%가 유튜브에서 정보를 검색하고 있다. 또한 'Broadcast Yourself!(당신 자신을 방송하세요!)'라는 유튜브의 슬로건처럼 유튜브를 통해 자신을 보여주고 자신이 좋아하는 것을 방송하는 사람들이 기하급수적으로 늘고 있다.

하지만 덩달아 고민거리도 늘어나고 있을 것이다. 먼저 비슷비슷한 콘텐츠가 많아지면서 '자신만의 특색을 어떻게 보여줄 것인가'에 관한 것이다. 여기에는 콘셉트와 기획력도 중요하지만 말하기의 중요성도 간과할 수 없다. 말로 자신을 표현하기 때문에 목소리와 말의 내용, 전달 방식에 대한 많은 준비가 필요한 것이다.

하지만 유튜브 채널을 시청하다 보면 목소리 톤과 발음, 호흡, 숨소리 등이 불편하게 느껴질 때가 많다. 목소리가 좋고 전달력이 뛰어나면 그만큼 구독자도 늘어날 수 있기 때문에 부드러우면서도 힘 있는 말투와 목소리, 정제되고 품격 있는 언어 표현, 핵심을 전달하는 논리와 구조 등을 고민하게 되는 것이다. 내가 정작 표현하고 싶은 것이 있어도 말의 힘과 논리가 부족하면 전달력과 설득력이 떨어질 수밖에 없다.

두 번째로 '말하기를 어떻게 배우고 익힐 것인가'이다. 유튜브에 있는 수많은 말하기 영상들은 전체 내용을 아우르는 것이 아니라 필요한 부분만 쪼개어 말하는 영상이 대부분이다. 그러다 보니 체계적인 말하기 기술을 배우는 데에는 한계가 있다. 그래서 《지금 바로 써먹는 유튜브 말하기 수업》을 쓰게 되었다.

이 책은 유튜브를 시작하는 많은 사람들이 스스로 말하기 연습을 하고 유튜브를 통해 복습할 수 있도록 하였다. 이 책을 눈으로 읽고 소리 내어 읽고, 저자 직강 유튜브를 통해 듣고 배우며, 머릿속으로 생각하고, 정리해서 말하다 보면 어느새 말하기에 대한 자신감이 생길 것이다.

현대 사회를 초연결, 융합의 시대라고 한다. 말하기도 자신의 전문 분야뿐 아니라 전 분야를 어우를 때 말하기를 잘한다는 피드백을 들을 수 있다. 하지만 자신의 말하기에 맞는 예문이나 사례를 구하는 데는 시간도 많이 들 뿐 아니라 적당한 자료를 찾기도 어렵다. 또한 어떻게 말하는 것이 말을 잘하는 것인지, 핵심을 어떻게 전달하는 것이 효과적인지를 파악하기는 어렵다.

그래서 준비했다. 다양한 말하기의 표현 방식을 보여주기 위해 오랜 시간 공을 들여 낭독문을 작성하였다. 낭독문을 만들기 위해 쓴 예화들은 내가 오랜 시간 고민해 모은 자료들이다. 책, 신문, 방송, 논문, 연구 자료, 주변의 사례 등 인상 깊은 구절을 만날 때마다 모아 놓은 것을 낭독문의 주제에 맞게 배치해 보았다.

낭독문을 읽다 보면 점점 있어 보이게 말하는 자신을 발견하게 될 것이다. 또한 이러한 낭독문을 여러분의 유튜브뿐만 아니라 발표, 프레젠테이션, 보고, 사회, 연설 등 여러 분야에 녹여낼 수 있을 것이다.

몽롱한 가운데 내 눈앞에 해변의 초록빛 모래밭이 펼쳐졌다.

그 위 쪽빛 하늘에는 황금빛 둥근달이 걸려 있었다.

나는 생각했다.

희망은 본래 있다고 할 수도 없고 없다고 할 수도 없다. 그것은 땅 위의 길과 같다.

사실은 원래 땅에는 길이 없었는데 걸어 다니는 사람이 많아지고 길이 된 것이다.

중국의 위대한 사상가이자 문학가인 루쉰魯迅의 단편소설 '고향'의 한 대목이다. 루쉰이 말한 희망이나 길처럼 말하기에도 정답은 없다. 유튜브의 CEO 수잔 보이치키Susan Wojcicki가 박막례 할머니를 만나기 위해 한국을 찾은 자리에서 '유튜브를 통해 할머니의 이야기가 전해졌던 것처럼 전 세계 사람들이 자신의 이야기를 할 수 있는 기회를 갖기를 바란다'라고 말한 것처럼 여러분의 생각이 자유롭게 말로 표현되어 다른 이들의 일상에 조금이나마 도움이 되면 성공일 것이다.

이 책을 읽고 나면,

첫째, 말하기의 맛과 멋을 살릴 수 있는 강조, 강약 조절, 쉼과 호흡을 배울 수 있다.

둘째 저자의 유튜브 강의를 통해 자연스러운 감정 표현과 속도 조절 등 말하기 기법을 배울 수 있다.

셋째, 논리적인 말하기의 기본인 1분 스피치와 3분 스피치 훈련으로 명확하며 스토리가 있는 말하기의 방법을 배울 수 있다.

넷째, 이 책의 낭독문을 읽고 연습하다보면 서론의 중요성, 본론에서의 사례, 핵심 전달, 인용과 수치의 활용 방법, 결론의 역할을 보고 배울 수 있다.

다섯째, 1분 스피치와 3분 스피치 예문을 실제 작성해보고 다른 사람들이 직접 작성한 스피치 예문을 통해 말하기와 형식을 배울 수 있다.

또한 이 책을 읽는 방법은 다음과 같다. 첫째, 눈으로 읽고, 둘째, 소리 내어 읽고, 셋째, 마음으로 뜻을 새기면서 읽어야 한다. 세종대왕의 백독백습百讀百習처럼 읽으면 읽을수록 글 속에 숨어 있는 뜻과 글의 구조를 파악해 나의 말하기에 적용할 수 있게 된다.

말하기는 이론을 안다고 해서 잘할 수 있는 분야가 아니다. '알고 있다'가 아니라 '할 수 있다'가 되어야 한다. '할 수 있다'로 변하는 방법은 올바른 연습뿐이다. 혼자서 연습할 수 있는 책을 만들기 위해 2년간 고민한 노력이 여러분에게 도움이 되기를 바란다.

여러분이 이 책으로 말하기를 연습하고 훈련한다면 전달력, 설득력, 논리력의 세 마리 토끼를 잡을 수 있을 것으로 확신한다. 더불어 여러분의 브랜드 가치를 높일 수 있을 것이다. 지금 바로 시작하라.

"방법을 알 때는 쉽다."

- 영화 〈킹스 스피치The King's Speech〉 중에서

"이 책이 나오기까지 응원해주신 여러분, 정말 감사합니다. 그동안 날카로운 평가와 함께 묵묵히 기다려준 저의 반쪽과 원민, 혜연, 엄마, 부모님께 감사의 말씀을 전합니다. 저의 정신적 지주 제승님, 저를 인생의 등불로 생각해주시는 민정님, 한결같은 마음으로 지지해주는 혜선님, 저의 팬을 자청하신 재규님, 저를 멘토로 여겨준 연수샘, 저의 능력을 높게 봐준 을지샘, 저를 무조건 믿어주시는 병철님, 영석님 모두 감사드립니다. "선생님 글 정말 잘 쓰시네요"라며 최고의 찬사를 보내주신 출판사 편집장님과 물심양면으로 도와주신 '책들의정원' 대표님께도 감사드리고 싶습니다."

- 2019년 6월

박민영

Contents

2단계

3단계 ▶

1단계

이성과 **감성**이
조화를 이루어
이야기하듯 말하기

말하기의 기본기가
중요한 이유

    2019년 3월 인기 크리에이터가 지상파 축구 중계 해설로 데 뷔했다가 시청자들에게 논란의 대상이 된 적이 있었다. 특유의 입담과 리액션으로 많은 팬을 보유했기에 그의 지상파 축구 중 계는 더 많은 기대를 모았다. 하지만 뚜껑을 열어보니 실망이다 라는 반응이 많았는데 가장 큰 이유는 그의 발음과 목소리 때문 이었다. 콘텐츠 만큼이나 목소리의 중요성을 간과할 수 없는 것 이다. 그동안 현장에서 10년 넘게 말하기 교육을 하면서 많은 사람들을 만나왔다. 특히 작년부터 달라진 점은 유튜브를 하기 위해 목소리 훈련을 하고 말하기를 배우려는 사람들이 증가한 것이다.

말하기는 경험도 중요하지만, 경험만큼이나 중요한 것은 기본기를 쌓는 데 시간을 투자하는 것이다. 신체 운동을 통해 근육의 힘을 키우는 것처럼 기본기 연습을 통해 말하기의 힘을 키울 수 있기 때문이다. 류현진 선수는 초등학교 시절 야구를 본격적으로 시작하면서 야구부가 있는 학교로 전학하게 되었다. 멋진 야구 기술을 배울 거라고 생각했던 그를 기다리고 있었던 것은 고된 기초훈련이었다. 운동장 100바퀴, 계단 오르기 100번, 앉았다 일어서기 100번을 하고 나니 온몸에 힘이 빠지고 '내가 도대체 뭐 하고 있는 거지'라는 생각이 들어 야구부에 들어온 것을 후회했다고 한다. 하지만 야구선수는 하체가 튼튼해야 공을 잘 치고 던질 수 있다는 말을 듣고 기초훈련의 중요성을 몸소 느끼게 된다.

　영원한 캡틴 박지성 선수도 중고교 시절, 기술을 제대로 발휘하기 위해 짧은 패스, 단거리, 오래달리기, 볼 컨트롤 같은 기본기에 매달렸다. 다른 친구들이 멋진 드리블과 슈팅을 연습할 때 박지성은 짧은 패스를 정확하게 하는 연습을 했고 남들이 싫어하는 단거리 달리기 훈련을 반복했다. 그 결과 수원공고 시절 체력에선 팀 내 최고였다. '12분 오래달리기'를 하면 박지성이 1등이었다. 박지성의 정신력과 기술은 모두 기본기 훈련에서 비롯된 것이었다.

안정감 있는 목소리 톤, 적절한 속도, 힘 있는 발성, 명확한 발음과 강약 조절 모두 기본기 연습으로 쌓을 수 있다. 전달력을 높일 수 있는 목소리 훈련으로 들어가 보자.

말하기의 기본기
호흡, 발성, 발음

동물 중 유일하게 사람만이 말을 할 수 있다. 말이 나오는 목소리는 어떻게 만들어지는 것일까? 목소리는 호흡과 발성, 발음의 3요소로 이루어져 있다. 우리가 숨(호흡)을 들이마시면 기도를 열어 폐에 담기게 되고 폐에 담긴 공기는 다시 성대를 통과하며 성대를 울리게 함으로써 소리(발성)가 처음 만들어진다. 여기서 만들어진 소리는 오랑우탄이나 원숭이가 내는 소리와 비슷하다. 이후 조음기관(발음)인 목구멍과 혀, 치아와 입술을 통해 제대로 된 음가로 변형되고 퍼지면서 우리가 사용하는 말로 완성되는 것이다. 여기에서 가장 기본이 되는 것은 호흡이다. 소리는 호흡을 타고 나오기 때문에 호흡은 소리의 원천이며 호흡에 따라 목소리의 크기, 힘을 결정하게 된다. 발성과 발음도 호흡의 영향을 받아 변형될 수 있다.

(1) 소리가 나오는 1단계 - 호흡기관

우리 몸속에는 두 개의 풍선이 있다. 그것은 폐(허파)이다. 폐는 말하자면 갈비뼈가 벽을 이루고 횡격막이 바닥을 이룬, 덮개가 덮인 새장 같은 모양 속에 들어 있다. 횡격막은 위로 볼록하게 아치를 이룬 근막(마치 굽어 있는 활 모양)으로 갈비뼈 바로 밑에 가로 질러 있으면서 흉부와 복부를 분리해주며 폐에 공기가 드나들 때마다 늘었다 줄었다 하는 얇은 근육성 막이다. 소리는 폐로부터 내뿜는 숨결을 타고 나오며, 호흡이 헛되게 빠져 나가지 않도록 할 때 완전한 목소리가 될 수 있다. 따라서 호흡은 발성의 원천이라고 할 수 있다.

(2) 소리가 나오는 2단계 - 발성 기관

발성 기관은 목소리를 만드는 기관이다. 폐에서 나온 소리는 후두, 즉 숨구멍에 있는 성대를 지나게 되고, 성대를 지나가면서 성대의 진동을 통해 소리가 만들어지게 된다.

①성대: 목 앞부분의 볼록 나온 후두 연골 속에 있다. 얇고 예

민한 근육으로 폐에서 나오는 숨을 조절한다. 또한 소리의 높낮이가 성대에서 결정된다. 울대뼈라고도 부른다. 사춘기 이후 남성의 목을 보면 중앙 부분에 불룩하게 튀어나온 돌기(연골)가 있다.

㉠성대는 높은 소리일 때는 좁아지고, 낮은 소리일 때는 넓어진다.

㉡길이는 약 2cm 정도로 어린이는 성인보다 짧다.

㉢남성은 여성보다 성대 길이가 길고 성대가 잘 붙으면서 호흡 기능이 강하기 때문에 여성보다 성대 질환이 적다.

㉣여성은 남성보다 성대 길이가 짧고 지속해서 긴장된 목소리를 많이 내기 때문에 성대 결절이 남성보다 많이 나타나는 경향이 있다.

㉤부족한 호흡 기능과 발성 기능을 강화하는 연습을 많이 해야 하며 성대 접촉을 강화해 목소리의 힘을 길러야 한다.

㉥성대가 강화되면 오랜 시간 말을 해도 쉽게 목이 쉬거나 목소리가 변하지 않는다.

② 성대 강화 훈련 방법: 이 방법은 개인적으로 큰 효과가 있었던 성대 강화 훈련이다. 혼자서 연습할 때 한번 해보면 좋다.

㉠먼저 성대를 열어야 한다. 맛있는 사과를 크게 깨물려는 느낌, 혹은 하품할 때의 입 모양을 유지하고 배에 힘을 준 뒤 숨을 깊이 내쉬면서 "아~~~~" 소리를 낸다.

㉡계속 "아~~~" 소리를 내면서 엄지와 검지 손가락으로 성대를 살짝 흔들면서 잡아당긴다.

(3) 소리가 나오는 3단계 - 조음기관

발성 기관과 공명강을 통해 만들어진 목소리는 조음기관의 작용으로 비로소 말이 된다. 조음기관은 목소리를 내는 데 쓰는 몸의 각 부분으로 사람이 목소리를 낼 때는 여러 기관이 복합적으로 작용한다. 코 안, 입술, 잇몸, 치아, 입안, 혀, 경구개(센입천장), 연구개(여린입천장), 목젖, 뺨 안쪽 등으로 나눌 수 있다. 이 중 혀와 입술이 가장 큰 역할을 하며 자음의 발음에는 혀의 위치가 중요하다. 모음 발음은 입 모양에 따라 달라진다. 우리가 흔히 올바른 발음을 위해 입을 많이 벌려야 한다고 이야기하는데 이는 턱을 아래로 내리라는 말이기도 하다. 그럼 나의 호흡과 발성 발음을 진단해 보자.

목소리 진단표
발성표 훈련

영역	내용	예	아니오
호흡	①말하다 보면 목소리가 끊어진다.		
	②말을 하다 보면 호흡이 가빠지거나 숨이 부족할 때가 많다.		
	③소리 내어 책을 읽으면 호흡조절이 안 되어 띄어 읽기가 어색해진다.		
	④말을 많이 하면 목이 아프다.		
	⑤자주 목이 쉰다.		
	⑥말을 하기 전에 편안하게 숨을 가다듬지 않는다.		
	⑦사람들에게 말이 너무 빠르다는 이야기를 자주 듣는다.		
	⑧시작할 때 빠르게 말을 하는 경향이 있다.		
	⑨말을 하다 보면 점점 말이 빨라지고 톤이 높아진다.		
	⑩문장과 문장 사이에 숨을 쉬지 않고 이어 말하는 경향이 있다.		

영역	내용	예	아니오
발성	①평소 목소리가 작다.		
	②평소에는 목소리가 크지만 공식적인 자리에서 긴장하면 목소리가 작아진다.		
	③한 번 말하면 상대방이 다시 되묻는 일이 많다.		
	④말할 때 목에 힘이 들어가는 게 느껴진다.		
	⑤목소리의 톤이 오르락내리락 자주 바뀐다.		
	⑥말끝을 흐리는 버릇이 있다.		
	⑦말할 때 목소리가 커졌다 작아졌다 한다.		
	⑧말할 때 목이 쉽게 잠기고 목소리가 갈라진다.		
	⑨강세나 억양이 없고 단조롭게 이야기한다.		
	⑩말을 하다 보면 소리의 힘이 점점 줄어든다.		

영역	내용	예	아니오
발음	①상대방이 "뭐라고?" 하고 다시 되묻는 경우가 종종 있다.		
	②말할 때 입술을 많이 움직이지 않는다.		
	③말할 때 '속도', '강조할 곳' 등을 신경 써서 말하지 않는다.		
	④ㄱ,ㄹ,ㅁ,ㅂ,ㅅ,ㅇ 등 잘 안 되는 발음이 있다.		
	⑤말할 때 발음이 자주 엉킨다.		
	⑥받침을 제대로 발음하기가 어려울 때가 많다.		
	⑦조사나 어미의 발음을 제대로 하지 않는다.		
	⑧말이 생각보다 빨리 나갈 때가 많다.		
	⑨'ㅏ,ㅑ,ㅓ,ㅕ'와 같은 모음발음의 경우 입을 크게 벌리지 않는다.		
	⑩'ㅘ,ㅝ,ㅢ'와 같은 이중모음의 발음이 정확하게 안 될 경우가 많다.		

호흡·발성·발음 각 항목별로 부족한 부분을 파악한다. '예'가 5개 이상 나온 항목
이 있다면 말하기의 기본기를 닦는 데 많은 시간을 할애해야 한다. 원인을 알아야
해결방법을 찾을 수 있다. 호흡·발성·발음 중 부족한 부분을 찾고 고쳐나갈 수 있
는 방법을 알아보자.

발 성 표

가	야	거	겨	고	교	구	규	그	기
나	냐	너	녀	노	뇨	누	뉴	느	니
다	댜	더	뎌	도	됴	두	듀	드	디
라	랴	러	려	로	료	루	류	르	리
마	먀	머	며	모	묘	무	뮤	므	미
바	뱌	버	벼	보	뵤	부	뷰	브	비
사	샤	서	셔	소	쇼	수	슈	스	시
아	야	어	여	오	요	우	유	으	이
자	쟈	저	져	조	죠	주	쥬	즈	지
차	챠	처	쳐	초	쵸	추	츄	츠	치
카	캬	커	켜	코	쿄	쿠	큐	크	키
타	탸	터	뎌	토	툐	투	튜	트	티
파	퍄	퍼	펴	포	표	푸	퓨	프	피
하	햐	허	혀	호	효	후	휴	흐	히

<발성표 훈련 시 유의사항>

①자세: 목과 허리를 곧게 펴고 가슴을 올리고 배에 힘을 주며 집어넣는 자세를 취한다. 특히 고개를 바로 든 상태에서 소리를 앞으로 보낸다고 생각한다.

②호흡: 소리와 호흡이 동시에 나올 때 가장 좋은 소리가 나올 수 있다. 입을 닫은 상태에서 코로 호흡을 들이마신 후 말하기를 시작한다. 가/갸/거/겨 한 글자마다 코로 들이마시고 말할 때 입으로 내쉰다.
(가~하), (가~기) 한 줄이 끝나면 입을 다물고 코로 천천히 내쉬고 다시 코로 호흡을 들이마실 수 있도록 한다.

③모음 발음: 모음은 입술의 모양이 가장 중요하다. 'ㅏ ㅑ ㅓ ㅕ' 등의 모음을 입을 위아래로 최대한 크게 벌리고 'ㅗ ㅛ'는 오므리기, 'ㅜ ㅠ'는 입술을 오리처럼 둥글게 만들어 앞으로 내밀기, 'ㅡ ㅣ'는 일자로 벌리는 것을 훈련한다. '아 야 어 여 오 요 우 유 으 이'를 거울을 보며 또박또박 말해본다.

④자음 발음: 자음은 입술의 모양과 혀의 위치가 가장 중요하

다. 발성표 훈련 시 (ㄱ ㄴ ㄷ ㄹ ㅁ ㅂ ㅇ)의 받침을 넣어 훈련한다.

예) 각 갹 격 겪 곡 곽 국 귝 극 긱 - 학 핰 헉 혁 혹 흑 훅 훅 흑 힉

⑤발성: 한 글자씩 스타카토로 끊어서 읽는다. (호흡할 때 어깨가 들썩이지 않도록 유의한다) 소리가 일정하게 나갈 수 있도록 훈련한다. 소리가 흩어지거나 약해진다면 종이컵으로 연습한다. 종이컵을 일자로 들고 양손으로 종이컵 바깥쪽을 잡는다. 소리를 종이컵 안쪽 가운데에 일정하게 보낸다는 생각으로 발성표 훈련을 한다.

⑥효과: 발성표 훈련을 꾸준히 하면 복식호흡, 힘 있는 발성, 명확한 발음 모두를 얻을 수 있다. 매일 아침과 저녁 시간에 가로 세로로 2회씩 연습하도록 한다. (가~기(가로), 가~하(세로)) 한 달만 꾸준히 연습해도 소리에 힘이 생기고 발음이 또렷해진다.

낭독의
중요성

   옛 서당에선 모두가 소리 내어 책을 읽었다. 소리 내어 책을 읽으며 그 뜻을 깨우치자는 것이다. 소리 내어 책을 읽다보면 책의 내용이 머리에만 남는 것이 아니라 마음에까지 새겨진다고 생각했기 때문이다. 책을 읽는 속도에 맞춰 선생님은 좌우로 몸을 흔들고 제자는 앞뒤로 흔들면서 읽었다는 이야기도 있다. 몸을 흔들면서 리듬에 따라 온몸으로 책을 읽었던 것이다.

   천천히 소리 내어 글을 읽으면 단어 하나, 문장 한 줄 한 줄에 집중하여 읽게 된다. 글을 읽는 동안 청각화 된 소리가 뇌에서 이미지를 만들어내고, 감정을 만들어낸다. 단어와 글을 음미하며 읽다 보면 뜻을 이해하는 힘을 키울 수 있다.

낭독을 하게 되면 첫째, 전달력과 이해력을 높이게 되어 말하는 사람에 대한 신뢰성이 높아진다. 둘째, 감정을 표현하고 드러내는 것이 점점 자연스러워지면서 설득력이 높아진다. 청중이 발표자의 주장에 대해 신뢰나 믿음을 갖는 것은 심리적 측면이기 때문이다. 청중을 움직이는 것은 감정이다.

셋째, 낭독문을 외우고 구조를 익히다 보면 말하기의 형식과 논리를 배울 수 있다. 특히 감성인 파토스를 익힐 수 있다는 점이 가장 큰 장점이라고 생각한다. 점점 감정 표현을 억제하고 공감 능력이 떨어지는 사람이 많아지고 있다. 감정을 유치한 것으로 치부해 이를 표현하지 않고 다른 이들과 감정의 교류가 없다 보니 공감 능력이 떨어진다. 말하기에 있어 감정 표현이 없고 객관적 사실만 제시한다면 사람의 마음을 움직일 수 있을까?

이성을 자극하는 근거들은 머리로 이해할 수는 있지만 가슴을 울리지는 못한다. 나의 경험담이나 다양한 예화가 사람들의 마음을 움직이고 공감할 수 있게 만든다. 프랑스 철학자 장 자크 루소Jean Jacques Rousseau는 "이성이 인간을 만들어낸다면 감정은 인간을 이끌어간다"라고 했다.

잘 알려진 명연설 대부분이 개인적인 경험과 그 경험에서 얻은 교훈을 바탕으로 이루어져 있다는 것을 생각해보면 쉽다. 하지만 처음부터 내 이야기를 꺼내는 것이 쉬운 일은 아니다. 자랑이나 성공담이 아닌 실패나 좌절의 순간을 이야기해야 하는 경우가 많기 때문이다.

　나의 감정을 표현하는 것은 시간과 단계가 필요하므로 간접적으로 감정을 배우고 훈련할 수 있는 방법이 바로 낭독이다. 낭독을 하면서 중요한 부분을 강조하고, 기쁘고 슬프고 힘든 감정을 표현하는 방법을 익히면 사람들과 쉽게 공감대 형성을 할 수 있다.

예화의 힘

"우리는 설교를 듣고 싶지 않습니다. 재미있는 이야기가 아니면 무슨 말을 하더라도 아무도 주의 깊게 듣지 않을 것입니다."

'스피치의 대가'인 데일 카네기Dale Carnegie의 말이다. 역사 수업은 재미없지만 역사 드라마가 재미있는 것처럼 사실이나 설명을 듣다 보면 지루해지기 마련이다. 그러나 이야기는 늘 재미있다. 언제나 진리다. 그래서 예화를 활용한 낭독문을 뒤편에 구성해보았다.

어느 랍비가 유명한 설교자인 친구에게 "여보게, 야곱 자네는 설교 때마다 어떻게 그렇게 주제에 꼭 맞는 예를 찾아내나?" 하고 물었다. 그러자 그 설교자는 다음과 같은 예화를 하나 들어 친구에게 대답했다.

"어떤 명사수가 있었다네. 그는 오랫동안 수련을 받고 사격 대회에서 여러 번 우승한 다음 휴식을 취하려고 고향에 돌아왔어. 그런데 어느 집 앞마당 벽에 분필로 많은 원이 그려져 있는데 모든 원의 한가운데 총탄 자국이 나 있었다네. 그는 깜짝 놀라 수소문한 끝에 사격수를 찾아냈어. 그런데 놀랍게도 그 사람은 맨발에 누더기를 걸친 소년이었다는 거야. 그래서 누구에게 사격술을 배웠는지 물었다네. 그러자 소년은 "아무에게도 배우지 않았어요. 저는 먼저 담벼락에다 총을 쏘고 난 다음 분필로 총구멍 주위에 원을 그렸어요" 하고 대답했다네. 사실은 나도 마찬가지야, 나는 평소에 재치 있는 비유나 사례를 모아놓았다가 거기에 알맞은 주제를 찾아 교훈 거리로 만든다네."

이는 《탈무드》 중 예화에 대한 이야기로 《설득의 논리학》에서 인용한 글이다. 말하고 싶은 주장이나 주제에 대한 사례와 예화의 중요성을 잘 묘사한 글이라 할 수 있다.

말을 잘하고 싶다면 다양한 예화를 모으는 작업이 필요하다. 예화란 고사성어, 격언, 학설, 위인들의 일화, 명언, 자신과 주변의 경험담 등 다양한 이야기를 뜻한다. 국민 강사로 불리는 김미

경 강사는 감동을 끌어내기 위해 다양한 예화를 수집하며, 강연 때마다 50개 이상의 예화를 활용한다고 말한 바 있다. 성직자들도 설교에 인용하기 위해 좋은 이야기와 사례가 들어 있는 예화집을 즐겨 찾는다. 예화는 단순히 이해를 돕는 수단이 될 뿐만 아니라 의욕을 불러일으켜 행동을 유발시키는 자극제로서도 중요한 의미를 갖는다. 추상적인 이야기일수록 구체적인 실례를 들어주어야 한다.

발표자가 청중에게 "독서를 많이 해야 합니다"라고 말하면서 주의를 환기시키는 경우를 볼 수 있다. 그러나 청중이 듣고 싶은 것은 '독서를 잘 하기 위한 방법'이다. 따라서 주제에 맞는 근거를 제시하거나 추상적인 이야기를 구체화하기 위해서는 그에 적절한 사례나 예화가 있어야 한다. 평소 보고, 듣고, 읽고, 생각했던 것들 중에서 주제에 적합한 것을 뽑아내는 센스를 길러야 한다. 주제를 뒷받침할 수 있는 예화를 찾아 들려주면 청중을 자연스럽게 설득할 수 있기 때문이다.

하지만 여러 방면의 정보와 예화를 접하기가 쉽지 않기 때문에 새로운 주제로 이야기할 때 어떠한 사례를 인용해야 할지에 대한 감이 잡히지 않는 것이다. 예화 활용에 대한 다양한 예시를 보여주기 위해 낭독문을 구성해 보았다. 신문, 방송, 연구자료, 책, 잡지, 논문, 주변의 사례 등 인상 깊은 구절을 만날 때마다 모아놓은 것을 낭독문의 주제에 맞게 배치해 낭독문에서 상황과 주제에 맞는 다양한 예화의 활용을 재미있게 읽을 수 있을 것이다.

점차 디지털화로 치닫고 있는 시대 흐름 속에서 아날로그적인 감성을 자극하는 낭독을 통해 여러분의 이성과 감성이 조화를 이루기를 희망한다. 이성과 감성의 적절한 조화, 낭독으로 완성할 수 있다.

낭독 시 **유의사항**과
낭독하는 **방법**

소리 내어 글을 읽으면서 공부하는 방법을 강조했던 조선시대 실학자 홍대용의 이야기를 들어보자. 그는 글을 읽을 때 들뜬 생각을 제거하고 집중력을 높이기 위해 소리 내어 읽는 공부를 강조하며 이렇게 말했다.

"소리 내어 글을 읽을 때 말을 틀리게 하거나 같은 부분을 중복하여 읽으면 안 되고, 또한 말이 빠르면 안 된다. 만일 이렇게 하지 않으면 글을 읽을 때에도 집중이 잘 안 되고 글맛을 제대로 느끼기 힘들다."

소리 내어 글을 읽을 때는 속도가 중요하다. 너무 빨라도 안 되며 너무 느려서도 안 된다. 눈으로 글을 보는 속도와 입으로 글을 읽는 속도 그리고 생각의 속도를 맞춰가며 글을 읽어야 한다. 낭독 시 유의사항에 대해 알아보자.

(1) '냉동식품처럼 죽어 있는 글이다!'라고 생각하지 말고 '활어처럼 살아 있는 말이구나!'라고 생각하며 친구에게 말을 건넨다는 느낌으로 읽는다. 처음 낭독을 할 때는 대부분의 사람들이 감정 없이 딱딱하게 글자를 읽는다. 또한 의미를 전혀 파악하지 못한다. 하지만 낭독을 꾸준히 하다 보면, 의미를 헤아리고 글쓴이의 의도와 핵심을 대신 전한다는 느낌으로 내용을 전달할 수 있게 된다. 뉴스에서 속보가 들어오면 앵커도 미리 그 부분을 숙지하지 못했기 때문에 시청자에게 의미 전달이 잘 안 되는 것과 비슷한 이치다. 낭독을 처음에 할 때는 읽는 사람도 전혀 의미를 파악하지 못하고 듣는 사람도 의미를 파악하지 못한다. 하지만 낭독의 요령이 생기게 되면 말하는 사람도 적절한 감정과 끊어 읽기가 가능해지고 듣는 사람에게도 의미가 잘 전달될 수 있다.

(2) 문장의 구조에 맞춰 말의 속도를 조절해 가면서 읽는다. 어려운 대목은 천천히, 쉬운 부분은 빨리 읽으면 리듬감

과 운율이 생긴다. 말을 빨리 해도 되는 곳은 누구나 아는 사실, 그다지 중요하지 않는 사항, 긴장감을 주기 위한 클라이막스 부분이다. 속도를 천천히 해야 되는 곳은 인명, 지명, 연도, 날짜, 숫자, 개념, 명칭 등이며 핵심 단어와 강조하고자 하는 곳, 의혹을 자아내기 쉬운 사항 등이다. 또한 질문이나 다짐하는 곳, 여운 남기기 등 청중과의 교감을 나누어야 하는 부분에서 말의 속도를 늦추어 청중에게 생각할 시간을 제공해야 한다.

(3) 핵심 단어와 강조하는 곳에서는 천천히 또박또박 강조하며 읽어야 한다. 처음부터 끝까지 부드러운 어조로 부드럽게 이야기하면 강물처럼 말이 흘러가 버린다. 강물 속에 돌멩이가 있어 강물의 속도가 느려지는 것처럼 강조할 곳은 천천히 또박또박 힘을 주며 강조하면서 말을 해야 핵심 내용을 확실하게 전달할 수 있다.

(4) 말하기 전 호흡을 가다듬고 말하기를 시작한다. 또한 말하기 전 미리 입을 벌리지 않도록 주의한다. 문장이 끝난 후에는 호흡을 위해 꼭 숨을 쉬어야 하며 말의 의미에 맞는 끊어 읽기가 의미 전달의 왜곡을 막을 수 있다.

〈낭독하는 방법〉

01
눈으로 묵독하면서
의미 파악

02
발음과 끊어 읽기를
생각하며 낭독

03
실전처럼 생각하며
정상속도로 낭독

한 문장을 읽더라도 끊어 읽기와 발음, 속도, 리듬, 글쓴이의 의도 등을 고려하여 집중하자. 앞에 있는 사람에게 말하듯이 연습해야 한다. '연습은 크게 실제는 알맞게 축소해서' 훈련하는 것이 중요하다.

끊어 읽기
원칙

말하기 수업 시 항상 낭독을 한다. 이때 가장 많이 받았던 질문은 "어디에서 끊어 읽어야 합니까?"이다. 나에게는 익숙했지만 다른 사람들에게는 어색하고 힘든 작업이라는 것을 알게 되면서 끊어 읽기에 대한 고민을 많이 해 왔다. 그동안 눈으로만 책을 읽다보니 끊어 읽기가 제대로 되지 않고 숨을 어디에서 쉬어야 하는지 어려워하는 사람들이 많다. 또한 우리말의 연음 등의 음운 규칙을 제대로 발음하는 경우도 많지 않다는 것을 알게 되었다.

하지만 현재 나온 낭독 책에서도 끊어 읽기에 대한 부분은 서술되어 있지 않다. 왜일까? 끊어 읽기에 대한 노하우를 전달하는 것이 이론적인 부분이라서 저자와 독자에게는 따분하고 어려운 부분일 수도 있고 절대적인 법칙이 없기 때문일 수도 있다.

이처럼 끊어 읽기의 원칙은 있지만 절대적인 법칙이 있는 것은 아니다. 그래서 사람마다 약간씩 끊어 읽기가 다를 수 있다. 이 책에 나와 있는 끊어 읽기도 정답은 아니다. 그래도 기본적인 원리를 이해한다면 끊어 읽기와 독해가 한결 수월할 것이다. 주어와 서술어, 목적어 등 기초적인 문법 지식을 알면 의미 단위별로 끊어 읽기가 가능해진다. 낭독 시 끊어 읽는 원리를 파악하기 위해 국어의 문장 성분을 분석해 보자.

주성분	주어	어떤 상태나 행위에 주체가 되는 성분
	서술어	주어의 동작, 상태, 성질 등을 설명
	목적어	동사가 나타내는 행위의 대상이 되는 존재를 가리키는 언어 요소
	보어	주어와 서술어만으로는 뜻이 불완전할 경우, 서술이 완결되도록 보충하는 성분
부속성분	관형어	체언 앞에서 체언을 수식하는 기능을 하는 문장성분
	부사어	용언을 수식하는 기능을 하는 문장성분
독립성분	독립어	문장의 다른 성분과 직접적인 관계를 맺지 않고 홀로 쓰이는 문장성분

문장은 크게 주성분과 부속성분, 독립성분으로 이루어져 있고, 주성분은 주어와 목적어, 서술어 부분으로 구성된다. 주어 부분은 '누가 또는 무엇이'에 해당하는 것이고, 목적어는 동사의 대상이 되는 말 '무엇을' 말한다.

서술어 부분은 주어의 누가/무엇이 '뭘 어찌했는지'에 해당한다. 부속성분으로는 관형어와 부사어가 있다. 관형어와 부사어는 꾸며주는 말, 수식어로 관형어는 주어를 수식하며, 부사어는 서술어를 수식한다.

독립성분은 독립어를 뜻하며 감탄사, 호칭, 접속어를 독립어라고 한다. 다른 성분에 대해 독립적으로 사용되며, 문장의 가장 앞에 쓰이는 것이 특징이다.

문장을 읽으면서 하나의 의미 단위로 끊어서 읽는다는 기본 원칙을 지키면서 문장이 길어질 때 다음의 원칙을 적용해 낭독 시 뜻을 바로 이해할 수 있다.

첫째 주어, 목적어, 서술어 부분을 끊어서 읽는다.
둘째 수식어(꾸며주는 말)와 피수식어(꾸밈을 당하는 말)는 함께 읽는다.
셋째 감탄사, 호칭, 접속어 뒤에서 끊어 읽는다.
넷째 인용, 생각, 대화 등 삽입구의 앞과 뒤에서 끊어 읽는다.

(1) 주어 뒤에서 끊어 읽는다. 주어란 서술어의 동작 또는 상
   태나 성질의 주체를 가리킨다.
   "국민 여러분, / 조국이 여러분을 위해 무엇을 할 수 있을 것
   인지 묻지 말고, 여러분이 조국을 위해 무엇을 할 수 있는지
   스스로에게 물어보십시오."

(2) 목적어 앞과 뒤에서 끊어 읽는다. 목적어란 서술어의 행위
   의 대상이 되는 언어 요소이다. 보어는 주어와 서술어만
   으로는 뜻이 불완전할 경우, 서술이 완결되도록 보충하는
   말로 '되다와 아니다'는 반드시 보어를 필요로 한다.
   "국민 여러분, 조국이 여러분을 위해 / 무엇을 할 수 있을 것
   인지 묻지 말고 / 여러분이 조국을 위해 무엇을 할 수 있는
   지 스스로에게 물어보십시오."

(3) 서술어 앞에서 끊어 읽는다. 서술어란 주어의 동작이나
   상태, 성질을 서술하는 말이다.
   "국민 여러분, 조국이 여러분을 위해 무엇을 할 수 있을 것인
   지 묻지 말고, 여러분이 조국을 위해 무엇을 할 수 있는지 /
   스스로에게 물어보십시오."

(4) 꾸며주는 말(관형어, 부사어)은 꾸미는 말(주어, 서술어)과 한 호흡으로 읽는다. 관형어, 부사어는 주어, 서술어와 한 호흡으로 읽는다. 관형어는 주어(명사, 대명사, 수사), 부사어는 서술어(동사, 형용사)를 꾸며준다.

"세계의 시민 여러분, 미국이 여러분을 위해 무엇을 베풀 것인지 묻지 말고, 우리 모두가 손잡고 인간의 자유를 위해 무엇을 할 수 있을지 스스로에게 물어보십시오."

(5) 호칭, 접속어, 감탄사 뒤에서 끊어 읽는다.

로게 위원장님, / 안녕하십니까? (호칭)

인간은 오래 살기를 원한다. 그러나/ 그 삶은 무엇보다 신중하고 가치가 있어야 하는 것이다. (접속어)

조양호 평창유치위원회 위원장, / 김연아 2010 밴쿠버 올림픽 챔피언입니다.

세상에 / 이런 일이 있었군요. (감탄사)

(6) 인용, 생각, 대화 등 삽입구의 앞과 뒤에서 끊어 읽도록 한다.

먼저 / "깨어 있어야 합니다. 잠들어 있는 사람은 아무도 기뻐하거나 춤추거나 환호할 수 없습니다." / 라는 프란치스코 교황의 말처럼 평소에 약간의 긴장감을 유지하고 현실을 직시해야 합니다.

낭독 자가진단표

번호	항목	예	아니오
호흡·발음·발성			
1	앞에 있는 사람에게 말하듯이 읽으려고 노력한다.		
2	단어와 문장의 연결 시 호흡의 부족을 느끼지 않는다.		
3	문장이 끝난 후에는 살짝 쉬고 다음 문장으로 진행한다.		
4	천천히 또박또박 발음할 수 있도록 노력한다.		
5	어렵거나 생소한 단어의 발음도 매끄럽게 넘어갈 수 있다.		
6	말의 속도가 지나치게 빨라지지 않도록 주의한다.		
7	문장 끝까지 목소리의 힘을 일정하게 유지할 수 있다.		
의미 파악			
8	글의 의미별로 끊어 읽기를 잘 할 수 있다.		
9	중요한 부분을 강조하여 표현할 수 있다.		
10	글의 핵심 문구와 중심 문장을 파악할 수 있다.		
집중력·응용력			
11	딴 생각하지 않고 낭독에 온전히 집중할 수 있다.		
12	글을 읽은 후 핵심 내용을 말로 정리할 수 있다.		
13	글을 읽은 후 글의 구조를 파악할 수 있다.		
14	글을 읽은 후 글쓴이의 의도와 목적을 파악할 수 있다.		
15	완벽하게 의미와 감정이 표현될 때까지 반복해서 낭독 훈련한다.		
합 계			

'예'라는 답변에는 1점, '아니오'라는 답변에는 0점을 주고 각 점수를 합산한다.

1~5점: 낭독을 잘 하기 위하여 많은 노력이 필요합니다.

6~10점: 부족한 부분을 파악해 연습하면 잘 할 수 있습니다.

11~15점: 낭독의 중요성을 잘 파악해 전달력과 설득력을 두루 갖추었습니다.

낭독문
(지혜·깨달음 / 말하기 스킬 / 의사소통기법)

1) 지혜·깨달음

(1) 말하기를 잘 하기 위한 5가지 마음가짐

안녕하십니까, ○○○입니다. 저는 오늘 말하기를 잘 하기 위한 5가지 마음가짐에 대해 말씀드리겠습니다.

첫 번째 마음가짐은 자신에 대한 믿음입니다. 말을 잘 하기 위해서는 스스로를 믿어야 합니다. 자기 자신을 믿지 못하면 자신감이 떨어집니다. 내가 나를 믿지 않으니까 남도 나를 믿지 않고 나의 말에도 신뢰감이 생기지 않습니다. 나 자신을 믿기 위해서는 어떻게 해야 할까요? 모든 사람은 완벽하지 않고 나도 완벽하지 않다는 것을 받아들여야 합니다. 누구나 부족한 면이 있고 완벽하지 않으니 발전하는 재미가 있다고 생각하는 것입니다. 매일 매일 성장하고 변하는 내 자신을 기대해보는 것도 색다른 기쁨이 될 것입니다.

두 번째로 중요한 것은 오픈마인드입니다. 말을 한다는 것은 상대방에게 자신을 열어가는 과정입니다. 먼저 자신을 열고 표현해야 상대방도 마음을 열게 되고 그것을 바탕으로 관계를 형성해 갈 수 있습니다. 다른 사람을 진심으로 대해야겠다는 진정성 어린 마음이 필요합니다. 말에 진심이 담겨 있으면 진심은 통하게 되어 있습니다. 다른 사람을 진정으로 대한다면 그 사람도 나를 똑같이 대우할 것입니다.

세 번째는 자기통제입니다. 피타고라스Pythagoras는 '가장 위대한 자산은 바로 자기통제'라고 했습니다. 아무리 훌륭한 연습 방법이 있더라도 자신의 욕구를 통제하지 못하면 아무 소용이 없습니다. 자신을 통제하지 못하면 인생을 변화시키지도, 잠재력을 발휘하지도 못합니다. 흐트러지고 게을러지는 마음을 통제하면서 의지를 갖고 꾸준히 말하기를 훈련하는 것이 중요합니다. 지속적인 소통 훈련으로 자기수양, 인내심, 적응력을 얻을 수 있습니다.

네 번째, 마음가짐은 사람에 대한 애정을 갖는 것입니다. 누군가와 사랑에 빠지면 세상이 모두 아름다워 보이는 것처럼 사람에 대한 애정을 가지면 사람들의 장점이 눈에 띕니다. 상대방의 감정과 상황을 이해하려는 노력을 하게 되고, 말하기 습관, 행동, 태도를 관찰하고 배울 점을 찾게 됩니다. 반면 다른 사람을 비판적으로 보게 되면 그 사람의 단점과 고칠 점만 보이게 되는 것입니다. 이렇게 되면 긍정보다는 부정적인 이야기가 많이 나오게 되고 말하기의 과정이 부정적으로 흐를 가능성이 많습니다. 사람들을 따뜻한 마음으로 바라 볼 수 있도록 노력해야 합니다.

마지막은 세상일에 관심을 갖는 것입니다. 말하기 수업 중 자신의 일상과 느낀 점에 대해 이야기를 나눌 기회가 많습니다. 그때마다 대부분의 사람들은 "저는 특별한 게 없어요", "저는 딱히 말할 게 없어요", "하루하루가 똑같아요"라는 말을 합니다. 일상을 보내는 것은 연예인이든, 위대한 인물이든, 일반인이든 누구나 비슷합니다. 밥을 먹고, 각자 할일을 하고, 여러 사람들을 만나고, 밤에 집에 와서 휴식을 취하는 패턴이 반복됩니다. 하지만 비슷한 일상에서 누군가는 말할 거리를 찾고 누군가는 무심코 넘기게 됩니다. 세상일에 관심이 많은 사람은 사소한 현상, 변화도 놓치지 않고 기억해두기 때문에 이야기 소재가 풍부합니다. 낯선 사람과 만나도 대화가 끊이지 않습니다. 덕분에 다른 분야의 전문가와 자연스러운 소통과 협력이 가능합니다. 연결과 융합의 시대, 세상을 향한 넓고 얕은 지식을 갖는 방법, 세상일에 관심을 갖는 것입니다.

지금까지 말하기를 잘하기 위한 방법 5가지를 말씀드렸는데요. 다섯 가지 마음가짐을 가슴에 새기고 실전에 임한다면 말하기의 기술을 습득하는 과정이 한결 수월하고 흥미로울 것입니다.

(2) 낭독의 재발견

"국민 여러분, 조국이 여러분을 위해 무엇을 할 수 있을 것인지 묻지 말고, 여러분이 조국을 위해 무엇을 할 수 있는지 스스로에게 물어보십시오. 세계의 시민 여러분, 미국이 여러분을 위해 무엇을 베풀 것인지 묻지 말고, 우리 모두가 손잡고 인간의 자유를 위해 무엇을 할 수 있을지 스스로에게 물어보십시오."

존 F. 케네디John F. Kennedy 대통령의 명연설로 사랑 받는 취임사입니다. 이 연설문을 작성한 사람이 누구인지 아십니까? 바로 테드 소렌슨Ted Sorensen입니다. 테드 소렌슨은 존 F. 케네디 대통령의 보좌관이자 연설문 작성자였으며 2008년 대선에서는 버락 오바마Barack Obama 대통령을 도와 연설문을 작성했습니다.

특히 주목할 부분은 존 F. 케네디와 버락 오바마 두 명의 대통령에게 연설문 낭독을 지도한 부분입니다. 소렌슨은 훌륭한 연설 능력이 대통령의 필수 자질이라고 강조했습니다. 그는 의사소통을 하고 비전을 제시하는 능력을 중요시하였고 링컨Lincoln을 비롯한 다수 정치인의 연설문을 따라 읽도록 지도했습니다. 연설문 낭독훈련을 통해 청중 앞에서 자연스럽게 말할 수 있는 어조와 속도, 쉼과 호흡을 조절할 수 있게 만든 것입니다. 오바마 대통령이 가장 존경하는 링컨 대통령도 낭독을 즐겼습니다. 변호사 시절 법률 파트너로 같이 일했던 윌리엄 헌든William Herndon에 따르면 링컨은 신문기사, 법률도서, 연설문 등 모든 것을 큰소리로 읽곤 했습니다. 어느 정도였냐 하면 "매일 아침 사무실에 쩌렁쩌렁 울리는 링컨의 읽는 소리가 성가셔서 살 수 없다"고 말할 정도였다고 합니다.

러시아의 위대한 문학가 톨스토이Tolstoy도 낭독에 대한 남다른 사랑을 보여줍니다. 그는 열세 살 때 부모님을 여의고 일찍부터 술과 도박에 빠져 학업과는 담을 쌓았습니다. 그러다 20대가 되어 자신의 삶에 진정한 목적이 없다는 것을 깨닫고 일기에 이렇게 적게 됩니다. '나는 짐승처럼 살고 있다.' 2년 후에도 '이제 24살이 되었지만 아직 아무것도 이루지 못했다'고 적었습니다. 이후로 톨스토이는 하루에 해야 할 목표를 정하고 이를 실천하기 위해 평생 노력했습니다. 첫째, 하겠다고 마음먹은 것은 반드시 실행할 것. 둘째, 실천할 때는 성심성의를 다할 것. 셋째, 책에서 얻은 지식은 다시 보지 않아도 될 만큼 완전히 자기 것으로 만들 것. 넷째, 내가 가진 지혜는 더욱 키워 나갈 것. 다섯째, 언제든지 소리를 내어 책을 읽을 것. 이 중에서 눈길을 끄는 것은 언제든지 소리를 내어 책을 읽는 습관입니다. 특히 톨스토이의 발표력을 향상시키는 데 이보다 더 좋은 방법이 없었다고 합니다.

이번에는 인도로 가 보겠습니다. 펩시콜라의 최장수 CEO였던 인드라 누이Indra Nooyi의 이야기입니다. 인드라 누이는 여성 리더십패널에 참석해 자신을 성공으로 이끈 어린 시절을 언급한 바 있습니다. 어머니는 인드라 누이 자매에게 대통령이나 총리가 되면 어떤 일들을 할 것인지 연설문을 쓰게 했고 연설문을 낭독하고 토론하도록 했습니다. 인드라 누이는 이 경험을 통해 글쓰기와 말하기에 대한 자신감을 갖게 되었고 무엇이든 될 수 있다는 가능성과 꿈을 꾸게 되었다고 합니다. 여러 위인들이 즐겨한 낭독, 발표력 향상으로 가는 첫 번째 단계입니다.

(3) 내 안에 답이 있다

스무 살 무렵 스티브 잡스Steve Jobs는 리드대학Reed College의 동기였던 대니얼 코트키Daniel Kottke와 함께 인도 순례 여행을 떠납니다. '마음속의 목소리에 귀를 기울이라'는 힌두교의 가르침에 대한 답을 얻기 위해 떠난 것입니다. 친부모에게 버림받은 일 때문에 자신의 뿌리에 집착했던 그는 힌두교 스승을 만나 자신이 누구인지, 어떻게 하면 마음속의 목소리를 들을 수 있는지 알고 싶었던 것입니다. 7개월간의 인도순례에서 무엇을 얻고 깨달을 수 있었을까요?

결론부터 말씀드리면 그는 아무것도 얻지 못했습니다. 그는 힌두교 스승에게 자신의 문제에 대한 답을 듣고 싶었지만 해답을 얻지 못했습니다. 히말라야 산맥에서 님 카롤리 바바Neem Karoli Baba를 만났지만 그의 가르침에 대해 제대로 이해하지 못했습니다. 그는 "적어도 이곳엔 내가 찾던 것이 없다는 걸 깨달았어. 이제 여길 나가 세상에서 답을 찾겠어. 다시 세상에 돌아가 내 의미를 스스로 찾는 거야"라는 말을 남기고 집으로 돌아옵니다. 잡스는 다른 누군가에게서 본인에 대한 답을 찾고자 했지만 외부에서는 답을 찾을 수 없다는 것을 깨달았던 것입니다. 잡스는 이후 동양의 불교에 입문해 선禪명상을 통해 내면의 목소리에 귀를 기울이는 법을 터득하게 되었습니다.

그는 2005년 스탠퍼드대학Stanford University 졸업식 축사에서 "여러분의 시간은 한정되어 있습니다. 그러니 다른 사람들의 삶을 사느라 그것을 낭비하지 마십시오. 그것은 다른 사람들의 생각이나 결과에 얽매이는 것입니다. 타인들의 의견이라는 소음이 당신의 내면에서 우러나오는 목소리를 집어 삼키지 못하도록 하십시오. 무엇보다 중요한 것은 당신의 마음과 직관을 따르는 것입니다. 그것은 당신이 진정으로 무엇이 되고 싶은지를 이미 알고 있습니다. 나머지 모든 것들은 부차적이지요"라는 유명한 축사를 남기게 됩니다. 이 말은 젊은 시절 잡스가 고민했고 방황했던 문제에 대한 해답이었던 것입니다.

'투자의 귀재' 워런 버핏Warren Buffett과의 점심 식사권을 7억 원에 낙찰 받은 가이 스파이어Guy Spier라는 투자가가 있습니다. 그는 버핏으로부터 어떻게 투자해야 많은 돈을 벌 수 있는지를 듣고 싶었습니다. 그런데 버핏이 한 이야기는 돈이 아니라 진정한 가치에 대한 이야기였습니다. 진정한 가치를 찾아 투자하면 결국 돈이 따라오게 된다는 이야기였습니다. 그가 버핏에게 배운 가장 큰 교훈은 '타인의 외면적 평가가 아닌 자신 스스로의 내면적 평가에 따라 인생을 살아가라'는 것이었다고 합니다.

'모든 문제는 답이 있습니다. 내 안에' 말입니다. 모든 문제를 풀 수 있는 열쇠는 언제나 자신 안에 있습니다. 변화의 시작은 나의 내부에서 시작된다는 생각으로 나의 가능성을 믿고, 성장하기 위해 노력할 마음을 먹는다면 당신은 말하기를 잘 하기 위한 첫걸음을 뗀 것입니다. '용기를 내어 영혼의 목소리를 따르

라. 여러분은 이미 자신이 무엇을 원하는지 알고 있다'는 스티브 잡스의 말처럼 여러분을 믿고 당당하게 시작해 보세요.

(4) 우공이산이 통하는 분야, 말하기

우공이산愚公移山, 오랜 시간이 걸리더라도 꾸준히 노력해 나간 다면 결국엔 뜻을 이룰 수 있다는 의미의 한자성어입니다. 세상 에는 우공이산이 통하는 분야가 있고 통하지 않는 분야가 있습 니다. 타고난 재능은 노력으로 만들 수 없지만 성실은 노력하면 만들 수 있기 때문입니다.

말하기는 우공이산이 통하는 분야입니다. 재능이 없어도 후 천적인 노력만으로 달인이 될 수 있습니다. 하지만 한 가지 사실 을 기억해야 합니다. 말하기는 단거리 경주가 아니라 장거리 경 주라는 점입니다. '자고 일어나니 유명해졌다'고 한 시인 조지 고든 바이런George Gordon Byron의 말은 실제로 존재하지 않습니다. 바이런은 첫 시집을 자비로 낼 만큼 문단에서 인정받지 못했지 만 쉬지 않고 시를 썼습니다. 어느 날 자고 나서 유명해진 것이 아니라 숨은 노력이 쌓여 빛을 발하게 된 것입니다.

흔히 말하기 기술을 배울 때 하루아침에 달라질 것을 기대합 니다. 자신이 가진 습관들을 모두 버리고 새로운 습관을 한꺼번 에 익혀 달인이 되고자 합니다. '자고 나니 말하기 달인'이 되기를 희망합니다. 하지만 말하기는 한꺼번에 모든 것을 익혀서 끝낼 수 있는 분야가 아니라 차근차근 한 계단 한 계단씩 올라가야 하는 분야입니다. 한 번에 서너 계단을 올라가면 기초가 흔들리게 되고 기술을 내 것으로 만들지 못합니다. 그저 남들 흉내만 내다가 끝나게 됩니다. 20~30년 넘게 기존의 습관대로 살아온 내가 하루아침에 새로운 사람으로 태어나는 것은 불가능합니다.

산악인들은 에베레스트 등정을 하기 위해 북한산 인수봉부터 시작해 험난한 산악 코스들을 두루 거친 후 티베트로 향합니다. 그곳에서도 바로 에베레스트에 오르는 게 아니라 또다시 길고 긴 준비와 적응 훈련을 하면서 정상을 향해 한 계단씩 밟아 올라갑니다. "그렇게 높은 곳에 어떻게 올라갔어요?"라는 사람들의 질문에 "그저 한 발 한 발 묵묵히 내디뎠을 뿐입니다"라고 말하는 그들의 대답은 한결같았습니다.

말하기를 배우는 우리의 자세는 에베레스트 등정과 같습니다. 목소리 훈련부터 차곡차곡 쌓아 올라가야 합니다. 어느새 한 발 한 발 천천히 올라가다 보면 목적지에 다가갈 수 있는 분야, 바로 말하기입니다.

(5) 간디와 레이쥔의 공통점이 있다?

인도의 모든 지폐에 얼굴이 그려져 있는 인물은 누구일까요? 위대한 영혼으로 추앙받는 마하트마 간디Mahatma Gandhi입니다. 인도의 정신적 지주이자 인도 독립의 아버지인 간디는 많은 종교로 인해 뿔뿔이 흩어진 인도를 하나의 힘으로 이끈 민족 지도자였습니다. 하지만 이렇게 위대한 간디가 원래는 소심하고 겁이 많은 소년이었다는 것을 아시나요? 어릴 적에는 수줍음이 많아서 남들 앞에서 말하는 것을 힘들어했고, 변호사가 된 후 첫 재판에서는 아무 말도 하지 못했습니다. 많은 사람 앞에 서서 변호를 하려니 너무나 부끄러웠던 것입니다.

하지만 간디는 여기서 포기하지 않았습니다. 간디는 스스로 문제점을 고치기 위해 고등법원에 가서 다른 변호사들의 재판을 방청하며 변호사로서 어떻게 변호를 해야 하는지 연구했습니다. 또한 재판을 연구하며 자신감을 회복했습니다. '미래는 현재 우리가 무엇을 하는가에 달려있다'는 그의 명언을 몸소 실천했던 것입니다.

스마트폰과 보조배터리로 유명한 샤오미의 창업자 레이쥔雷軍도 비슷한 경험이 있습니다.

레이쥔은 21살 때 컴퓨터 바이러스 백신 전문가로 알려지면서 중국 공안국의 연사로 초빙 받게 됩니다. 하지만 2시간 동안의 강연을 15분 만에 끝내버립니다. 미리 준비한 원고를 빠르게 다 읽어버린 것이죠. 당황한 그는 다시 원고를 읽어 내려갔고 세 번째 원고 읽기가 시작되자 참다못한 공안국장의 제지로 무대에서 내려옵니다. 레이쥔의 첫 강연은 실패로 끝났지만 그는 좌절하지 않았습니다. 이후로도 계속 강연에 응하면서 1시간 강연이라면 10시간 이상의 준비를 하고 거울 앞에서 3회 이상의 리허설을 하게 됩니다. 이러한 강연 준비방법을 자신의 생활철칙으로 제정해 습관화해버립니다.

실패해도 포기하지 않는 집념과 끈기를 가진 레이쥔, 그의 명언 중 가장 유명한 "태풍의 길목에 서면 돼지도 날 수 있다台风来的时候, 猪都会飞"는 말은 다음과 같은 뜻이 있다고 합니다.

첫 번째는 탄탄한 기본기와 근면한 태도 없이는 성공할 수 없다는 것이고, 두 번째는 그것들을 가지고 있다고 해서 반드시 성공하는 것이 아니라 그것을 바탕으로 적절한 기회를 잡아야만 성공할 수 있다는 것입니다. 언젠가 찾아 올 절호의 기회를 위해 실력을 갈고 닦아야 할 시기입니다.

(6) 듣는 사람의 마음을 움직이고 싶다면 낭독훈련을 하라

리시케시의 강가에서 어느 날 나는 한 학자와 얘길 나누었다.

그는 리시케시까지 기차를 타고 오는 데 100시간 이상이 걸렸다고 말했다. 내가 놀라며 그런 먼 거리를 왔느냐고 하자 그는 말했다. "그것보다 더 먼 거리가 있습니다. 세상에서 가장 먼 거리는 사람의 머리와 가슴까지의 30센티밖에 안 되는 거리입니다. 머리에서 가슴으로 이동하는 데 평생이 걸리는 사람도 있습니다."

- 류시화, 《하늘 호수로 떠난 여행》 중에서

세상에서 가장 먼 거리의 여행은 머리에서 가슴까지라고 합니다. 불과 30센티밖에 안 되는 짧은 거리지만 자신이 생각한 바를 느끼고 표현하기까지는 한평생이 걸릴 수 있다는 뜻입니다. 김수환 추기경도 사랑이 머리에서 가슴까지 오는 데 70년이 걸렸다는 말씀을 남겼습니다.

안데르센Hans Christian Andersen의 동화 《황제와 나이팅게일The Emperor and the Nightingale》에는 아름다운 노래를 부르는 두 새가 나옵니다. 겉모습은 볼품없는 작은 새이지만, 진심어린 노래로 사람을 감동시키는 나이팅게일과 황제가 선물로 받은 가짜 나이팅게일입니다. 사람들은 처음에는 나이팅게일의 노랫소리에 감동했지만, 가짜 나이팅게일이 등장한 뒤에는 나이팅게일을 잊고 맙니다. 가짜 나이팅게일의 음정과 박자가 더 정확한 데다 언제든 태엽만 감아주면 지치지도 않고 노래를 들려주었기 때문이죠.

그러나 어부들은 가짜 나이팅게일의 노래에서 무언가 부족한 것을 깨닫습니다. 사람이 만든 기계 장치인 가짜 나이팅게일은 자신의 의지로 노래하는 것이 아니기 때문에 감정과 여운이 깃들어 있지 않다는 것을 말입니다. 반면 살아 있는 나이팅게일은 음정과 박자가 틀리기도 했지만 듣는 이의 마음을 움직이는 진정성이 있었습니다.

말하기에도 사람을 감동하게 하는 힘이 필요합니다. 그 힘은 이성에서 나오는 것이 아니라 감성에서 나옵니다. 수치와 통계에서 나오는 것이 아니라 마음에서 마음으로 전해지는 진심과 감성에서 비롯됩니다. 사람을 감동하게 하는 위대한 인물들의 연설을 보면 자신의 생각을 진심으로 표현하고 감성을 자극합니다. 말하는 사람의 솔직한 감정과 진정성은 듣는 이의 마음을 움직이는 호소력이 들어 있기 때문입니다.

머리와 가슴의 거리를 좁히고 감성을 표현할 수 있는 방법이 바로 낭독입니다. 낭독하다 보면 어느새 그 나름의 리듬을 넣어 읽게 되고 대화가 나오는 곳이면 자신도 모르게 감정을 넣어 읽게 됩니다. 처음에는 집중이 안 되어 오독이 많지만, 점차 글 속으로 빠져들게 되면 책 속의 내용과 상황을 간접 경험하게 되면서 감정이 살아납니다. 사람의 감정을 움직이게 하고 싶다면 낭독의 생활화를 실천하시기 바랍니다.

(7) 프로와 아마추어의 차이

소설가 김형경은 《만 가지 행동》에서 아마추어와 프로페셔널을 가르는 기준에 대해 이렇게 이야기합니다.

'아마추어가 인정받고 사랑받기 위해 일한다면 프로페셔널은 자기에게 즐겁고 유익한 일을 한다. 아마추어가 타인과 경쟁한다면 프로페셔널은 오직 자신과 경쟁한다. 아마추어가 끝까지 가 보자는 마음으로 덤빈다면 프로페셔널은 언제든 그 일에서 물러설 수 있다는 마음으로 임한다. 그 결정적인 차이는 내면에서 느끼는 결핍감 유무와 관련 있는 것으로 보인다.'

타인이 아닌 나와 경쟁하고 물러날 때를 알아야 한다는 점이 와 닿았습니다. 프로는 물러날 때를 알고 물러설 수 있다는 마음으로 임해야 한다는 점이 새롭게 느껴졌습니다.

그럼 진정한 프로들을 만나볼까요. 민음사를 창립한 박맹호 회장은 대학 시절을 '소설 습작에 바친 세월'에 비유할 정도로 소설가가 되기를 희망했습니다. 몇 번의 신춘문예에 도전했지만, 정치적인 이유로 떨어졌고 그는 자신을 객관적으로 평가해 미련 없이 소설가의 길을 접고 출판을 시작하였습니다. 그는 뒷날 '소설은 천재들이 써야 한다는 생각을 했다'며 '지금도 제가 살아오면서 가장 잘한 일 중 하나가 내 능력을 스스로 간파하고 과감하게 소설가의 길을 포기한 것이라 확신한다'고 말했습니다. 소설가가 되기를 포기했던 박맹호 회장은 민음사를 창립해 '오늘의 시인총서', '세계문학전집' 등 한국문학에 획을 그을 작품들을 출간하며 출판계를 이끌었습니다.

피겨 여왕 김연아는 2014년 소치올림픽을 끝으로 은퇴했습니다. 선수 복귀를 바라는 대중의 기대감도 컸고 복귀에 대한 희망을 담은 기사도 많았습니다. 하지만 김연아는 '선수 생활을 하면서 많은 대회에 출전했고 올림픽에 두 번이나 출전을 했다. 선수로서 이룰 수 있는 모든 목표를 이뤘기 때문에 선수 생활에 대한 그리움은 없다'며 더 이상 미련이 없음을 밝힌 바 있습니다.

마지막은 남아프리카 공화국 지폐 모두에 그려져 있는 인물인 넬슨 만델라Nelson Mandela입니다. 만델라가 1994년 남아공 최초의 흑인 대통령으로 당선됐을 때 남아공 국민 상당수는 종신 대통령을 권했습니다. 하지만 그는 단호했습니다. 만델라는 1999년 5년 임기를 마치고 대통령직에서 퇴임했습니다. 헌법 규정상 재임이 가능했지만 단임으로 끝냈습니다.

나아갈 때와 물러날 때를 정확히 판단하고 절제할 수 있는 능력은 프로가 되기 위해서 반드시 갖추어야 할 덕목입니다. 물러날 때를 아는 것. 그것이 바로 진정한 프로의 모습입니다.

(8) 마음에서 우러나는 말 한마디

영국의 작가이자 사상가인 C.S. 루이스C.S. Lewis는 아이들을 위한 동화책《나니아 연대기The Chronicles of Narnia》로 가장 잘 알려져 있습니다. 또한 시, 소설, 신학, 교육 철학, 공상 과학, 문학 비평, 자서전 등 다양한 장르의 책을 60여 권이나 펴냈습니다. 그는 수많은 사람으로부터 수없이 많은 편지를 받았습니다. 그중엔 사회적으로 알려진 사람들이 보낸 편지도 있었지만 모르는 독자들이 보낸 편지도 많았습니다.《나니아 연대기》같은 판타지 소설을 쓴 만큼 어린이들의 편지도 쇄도했습니다. 그 모든 편지에 다 답장을 쓴다는 것은 누가 생각해도 불가능한 일이었습니다. 그런데 그는 자신이 받은 모든 편지에 답장했습니다. 한 친구에게 보낸 편지에서 그는 이렇게 말합니다.

'하루 일과를 시작하기 전에 내 앞에는 편지라는 큰 산이 가로놓여 있다네. 난 아침 8시 30분부터 11시까지 온전히 편지 쓰는 일에만 매달리고 나서야 내 일을 시작한다네. 대부분이 내가 만나보지도 못한 사람들에게 말이야. 물론 내가 보내는 답장이 그들에겐 대부분 소용없는 것일지도 몰라. 하지만 때로 누군가의 편지에 큰 도움을 받았다고 생각하는 사람들이 있게 마련이지. 그리고 바로 그들 때문에 답장 쓰는 일을 멈추지 않는 사람도 있다네.'

이후 C.S. 루이스가 나니아 시리즈를 읽은 어린이들에게 쓴 답장이 책으로 출판되었는데요. 형식적인 답장이 아닌《나니아 연대기》에 나오는 궁금한 점에 대해 답해주기도 하고, 진로에 대한 고민 상담을 해주기도 하면서 아이들을 인격적으로 동등하게 대해주는 모습이 감동적으로 다가옵니다.

저는 C.S. 루이스의 이야기를 접하면서 히가시노 게이고_{東野圭吾}의《나미야 잡화점의 기적_{ナミヤ雜貨店の奇蹟}》이 떠올랐습니다. 이 책에도 비슷한 이야기가 나옵니다. 본업과 상관없이 사람들의 고민을 상담해주게 된 나미야 영감에게 어느 날 서른 통이 넘는 편지가 날아옵니다. 모두 한 사람이 쓴 것으로 보이는 편지였습니다. 한 통 한 통 답장하려는 아버지에게 아들 다카유키가 쓸데없는 짓이라며 말리지만 나미야 영감은 말합니다.

'해코지가 됐든 못된 장난질이 됐든 나미야 잡화점에 이런 편지를 보낸 사람들도 다른 상담자들과 근본적으로는 똑같아. 마음 한구석에 구멍이 휑하니 뚫렸고 거기서 중요한 뭔가가 쏟아져 나온 거야. 증거를 대볼까? 그런 편지를 보낸 사람들도 반드시 답장을 받으러 찾아와. … 그래서 내가 답장을 써주려는 거야. 물론 착실히 답을 내려줘야지. 인간의 마음속에서 흘러나온 소리는 어떤 것이든 절대로 무시해서는 안 돼.'

-《나미야 잡화점의 기적》 중에서

마음에서 우러나는 말 한마디! 누군가에는 위로가 될 수 있고 누군가에는 행복과 기쁨이 될 수 있습니다. 서로 마음을 나누며 나를 지지하고 응원해주는 누군가가 있다는 사실에 다시금 힘을 내고 용기를 얻을 수 있으니까요.

'실수했을 땐 괜찮아 그럴 수도 있지/ 실망했을 땐 힘 나 다음엔 잘 할 거야/ 만났을 땐 잘 지냈니?/ 보고 싶었어!/ 헤어질 땐 건강해라 행복해라'/ 라는 이해인 수녀의 시 구절처럼 따뜻한 말 한마디로 소박한 일상에서 작은 행복을 만들고 싶습니다. 앞으로는 격려의 말, 용기의 말, 사랑의 말을 더 많이 말할 기회를 만들면 어떨까요? 여러분의 삶이 조금은 더 풍요로워지고 행복해 질 것을 확신합니다.

(9) 나를 믿어준 한 사람의 힘

'모든 사람의 인생에는 적어도 인생을 바꿀 만한 기회가 세 번쯤 온다고 한다. 정말 그렇다면 히딩크 감독과의 만남이 그런 것 아닐까' 박지성 선수의 자서전에 나오는 말처럼 박지성 선수는 히딩크 감독을 만난 후 세계적인 선수로 성장하게 됩니다.

'기술력이나 다른 것이 뛰어나고도 정신력이 따르지 않으면 최고가 될 수 없는데 너는 가능성과 함께 뛰어난 정신력을 가지고 있으니 희망을 갖고 열심히 하면 세계 최고 클럽에서 뛸 수 있을 것이다.' 히딩크 감독이 박지성에게 해준 말입니다. 누군가가 나를 믿어준다면, 나의 가능성을 믿고 지지해준다면 실패해도 다시 일어설 수 있는 힘이 생기지 않을까요?

저는 오늘 믿음의 힘에 대해 이야기를 해보려고 합니다. 하와이 군도 북서쪽에 보면 카우아이라는 섬이 있는데 그곳은 폭포가 아주 유명한 곳이라고 합니다. 울창한 밀림과 천연의 자연 덕분에 영화 〈아바타Avatar〉와 〈쥬라기 공원Jurassic Park〉의 배경지가 되기도 했는데요. 한때는 이곳이 지옥의 섬으로 불렸습니다. 당시 카우아이섬은 오지인 데다 대대로 가난과 질병으로 인해 주민 대다수가 범죄자와 마약중독자, 정신질환자였고 청소년들은 그런 어른들을 보고 자라고 있었기 때문입니다. 그래서 미국의 소아과·정신과 의사, 사회복지사, 심리학자 등은 왜 이 섬의 주민들이 불행한 삶을 사는지 알아보기 위해 연구를 시작했습니다.

1955년에 태어난 신생아 833명이 30세 성인이 될 때까지의 성장 과정을 추적하는 대규모 프로젝트였습니다. 사회과학 역사상 가장 야심찬 프로젝트 중 하나로 꼽히는 하와이 카우아이 종단연구입니다. 많은 학자의 예상은 그러했습니다. '불우한 환경에서 자란 아이들은 인생에 잘 적응하지 못해 비행 청소년이 되거나 범죄자, 중독자의 삶을 살 것이다.'

특히 심리학자 에미 워너Emmy Werner 교수는 833명 중 고아나 범죄자의 자녀 등 가장 열악한 환경에서 자라고 있는 201명을 따로 정해 그들의 성장 과정을 집중적으로 분석했습니다. 그런데 결과는 놀라웠습니다. 3분의 1에 해당하는 72명의 청소년에게 뜻밖의 결과가 나왔습니다. 그들은 학교에서 뛰어난 성적을 거두고, 대학교 장학생으로 입학하는 등 좋은 환경에서 자라난 아이들보다 더 모범적으로 성장한 것입니다. 워너 교수는 이런 결과가 어떻게 나왔는지 궁금했습니다. 놀라운 결과를 만든 비밀은 무엇이었을까요?

이들에겐 하나의 공통점이 있었습니다. 어떤 상황에서도 끝까지 자기편이 되어 믿어주고 공감해주고 응원해주는 어른이 최소한 한 명은 곁에 있었던 것입니다. 부모, 조부모, 삼촌, 이모…. 가족이 아니더라도 지역 사회 내에 존경하는 선생님, 신경 많이 써주는 친절한 이웃, 친한 친구 등 자신을 지지하고 아껴주는 사람이나 롤 모델이 있는 아이들 역시 열악한 상황을 딛고 일어날 수 있었습니다. 실패하고 좌절해도 괜찮다고 무조건 믿어주고 응원해주는 한 사람이 있었기에 자신의 환경을 이기고 비관하지 않고 밝게 자랄 수 있었던 것입니다. 여러분을 믿어주는 한 사람이 있나요? 여러분은 누군가의 한 사람인가요?

(10) 세상에 완벽한 사람은 없다

루시 모드 몽고메리Lucy Maud Montgomery의 《빨간 머리 앤Anne of Green Gables》에 나오는 앤은 항상 유쾌하고 다른 사람에게 행복함을 주는 소녀였습니다. 고아였지만 자신이 처한 상황을 긍정적으로 받아들였고 무척 총명해서 어떤 일이든 쉽게 배웠습니다. 설거지, 아이 돌보기, 바닥 청소 모두 깔끔하게 해냈으며 퀸스 학교에 1등으로 입학하였습니다. 하지만 동전의 양면처럼 빛이 있으면 어둠이 있는 법입니다. 앤은 자주 몽상에 빠져 꾸지람을 듣거나 사고를 치고 나서야 정신을 차렸습니다. 실수로 다이애나에게 포도주를 먹이고 머리를 초록색으로 염색하기도 했으며 홍당무라고 놀리는 길버트의 머리를 석판으로 내리치기도 합니다.

현실에서도 앤처럼 총명함과 상상력을 갖춘 인물이 있었습니다. 어렸을 적부터 이야기를 만들어 동생에게 들려주었고 천부적인 이야기꾼으로 성공해 현재 세계 제일의 여성 작가가 되었습니다. 하지만 그는 직장생활에서는 환영받지 못했습니다. 젊은 시절 불문과를 졸업한 후 국제 사면 위원회에서 임시 비서로 일했지만 해고당합니다. 무슨 일을 하고 있든 늘 정신 나간 사람처럼 무언가를 긁적이고 있었기 때문입니다. 또한 회의 시간에 몰래 소설을 쓰곤 하다가 상사에게 들켜 직장을 그만두게 되었습니다. 그 후 맨체스터 상공회의소에서 사무직 일자리를 얻었지만 이야기의 캐릭터를 만들어내며 시간을 보냈고 다시 한번 해고를 당하게 됩니다. 지금까지 67개 국어로 번역되며 4억 5천만 부 이상이 팔린 해리포터 시리즈의 작가 조앤 롤링Joan K. Rowling의 이야기입니다.

오마하의 현인으로 불리는 워런 버핏도 비즈니스와 숫자에는 탁월한 재능을 갖고 있었지만, 나머지 부분에서는 서툴렀습니다. 《워런 버핏 평전Of Permanent Value: The Story of Warren Buffett》에 따르면 버핏은 젊은 시절 심각할 정도로 사교성이 부족했고 이 문제를 해결하기 위해 카네기재단이 운영하는 스피치 학원에 다닌 적도 있습니다. 또한 수줍음을 많이 타는 데다, 입만 열면 주식 이야기만 하고, 여자 앞에서는 허둥대고 불안해하는 모습 덕분에 아내의 마음을 얻는 데 오랜 시간이 걸렸다는 이야기도 전해집니다. 버핏은 결혼 생활 내내 아내에게 의지하고 싶어 했고 또 아내 역시 그러한 버핏을 포용해주었습니다. 아내 수전은 버핏에 대해 농담처럼 자신의 상담실에 찾아온 '첫 번째 내담자'라고 불렀습니다. 버핏은 '수전이 없었다면 나는 성공할 수 없었을 것이다'라고 고백한 적이 있을 정도입니다.

'각자무치角者無齒'라는 한자성어가 있습니다. 뿔이 있는 짐승은 날카로운 이가 없다는 뜻으로, 사슴과 같이 멋스러운 뿔이 있는 짐승은 날카로운 이빨이 없고, 사자와 호랑이 같은 날카로운 이빨을 지닌 맹수는 아름다운 뿔을 지니지 못했다는 것입니다. 화려한 꽃은 열매가 탐스럽지 않듯이 한 사람이 모든 재주나 복을 다 가질 수 없음을 의미합니다. 세상에 완벽한 사람은 없습니다. 완벽해 보이는 사람도 단점이 있고 실수를 합니다. 우리도 서로의 재주와 개성을 인정하고 다른 사람의 강하고 예쁜 뿔을 찾아내어 빛나게 해주면 어떨까요? 여러분의 뿔은 무엇입니까?

(11) 은퇴 후 후회하는 것들

2016년 박세리 선수가 현역에서 은퇴하면서 언론 인터뷰를 했습니다. 그는 가장 인상적인 선수로 아니카 소렌스탐Annika Sorenstam과 캐리 웹Karrie Webb을 이야기하며 '그들은 수상스키와 낚시 등 다양한 취미를 즐겼다. 이들보다 더 열심히 훈련하면서도 내 전성기가 짧았던 건 몸과 마음을 지치게 할 정도로 오직 골프뿐인 삶의 한계 때문이었던 것 같다'고 했습니다. 후배들에게는 기회 있을 때마다 골프 외에 다양한 취미활동을 즐기라고 당부의 말을 전했는데요. 여러분은 은퇴 후 어떤 후회를 할 것 같으신가요? 오늘은 '은퇴 후 후회하는 것들'이라는 주제로 말씀드리겠습니다.

일본의 한 경제주간지가 은퇴자 1000명에게 물었습니다.
"은퇴 후 가장 후회하는 점은 무엇입니까?"
건강, 돈, 일과 생활, 인간관계 4개 영역으로 나눠 설문조사를 진행했는데 전체를 통틀어 가장 큰 후회는 건강 분야였습니다.

먼저 건강에서 후회하는 1위는 '치아를 소중히 관리할 걸'이었고 '꾸준히 운동해서 체력을 기를 것'이 뒤를 이었습니다. 또한 남성은 두발 관리, 여성은 피부 관리의 아쉬움도 적지 않았습니다. 돈 분야에서 후회 1위는 역시 저축입니다. '좀 더 많이 저축해둘 걸'이라는 응답이 가장 많았는데요. 일본에서는 노후 생활비와 자녀 결혼 지원비, 주택 수리비 등으로 3억 원 정도의 여유자금이 필요하며 은퇴 후 매달 나가는 주택대출 잔금과 자녀 교육비에 대한 부담은 넉넉하지 않은 살림에 가히 치명적이라고 합니다.

일과 생활 측면에서는 '평생 즐길 수 있는 취미를 가질 걸', '여행을 많이 할 걸' 등의 후회가 많았고 자격증 준비와 공부에 대한 미련도 많았습니다. 마지막으로 일에 얽매여 가족과 친구 관계 등 인간관계에 소홀했던 것을 많이 후회했습니다. '부모, 자녀와 많이 대화할 걸', '친구를 많이 사귀어 둘 걸' 등의 응답과 '자녀를 사교적이고 대범하게 키우지 못한 것'에 대한 응답도 눈길을 끕니다.

일본 은퇴 전문가들은 행복한 노후를 위해서는 다섯 개의 저축통장이 필요하다고 말합니다. 일상을 즐길 수 있도록 취미를 저축하고, 삶의 가치를 찾을 수 있도록 교양을 저축하고, 건강의 저축은 필수이며, 노후가 외롭지 않도록 친구를 저축하고 품위를 잃지 않도록 돈을 저축하라는 것입니다.

80세를 훌쩍 넘긴 클린트 이스트우드Clint Eastwood가 감독과 주연을 맡은 영화 〈라스트 미션The Mule〉에서도 84세 노인의 깨달음이 나오는데요. '여유를 즐길 것, 잘못하면 사과할 것, 가족과 함께 있는 시간을 많이 보낼 것, 어제보다 오늘, 오늘보다 내일을 사랑할 것'을 이야기합니다. 여러분은 행복한 노후를 위해 어떤 저축통장을 준비하고 계십니까? 은퇴를 준비하는 여러분만의 노하우는 무엇인가요?

(12) 위기에 대처하는 우리의 자세

여러분 삼성의 이건희 회장이 경영 일선에 있을 때 가장 많이 한 말이 무엇인지 아십니까? 바로 "현재는 위기다!"라는 말입니다. 1993년 6월 프랑크푸르트에서 '국제화 시대에 변하지 않으면 영원히 2류나 2.5류가 될 것이다. 지금처럼 잘해봐야 1.5류다. 마누라와 자식만 빼고 다 바꿔라. 2등은 아무도 기억해주지 않는다'라며 신경영을 선언한 이후 위기는 이건희 회장의 말버릇이 되었습니다. 삼성전자가 기록적인 실적을 거둘 때도 위기에 대해 언급했는데요. 그는 왜 이렇게 위기를 부르짖었을까요? 위기가 언제 찾아오는지 잘 알고 있었기 때문입니다.

첫째, 위기는 잘 되고 있을 때 찾아옵니다. 많은 사람에게 인정받고 잘 나가고 있을 때 위기라는 친구가 찾아옵니다. 자신의 능력에 대해 교만이 생겨 겸손하지 못한 말과 행동이 나오기 때문입니다. 또한 '업계 1위', '국내 최고'라는 자만심에 빠져 세계가 어떻게 변하고 있는지, 우리가 남보다 얼마나 뒤져 있는지, 현재 어디에 와 있는지를 파악하지 못하게 되면 위기가 찾아오게 됩니다.

삼성도 신경영 선언 당시 국내에서는 1위였지만 세계에서는 싸구려 취급을 받았고 불량품이 많은 것을 보면서 위기를 직감하게 된 것입니다. 이 선언 뒤 삼성전자는 불량품이 있을 경우

해당 생산라인 가동을 전면 중단하는 '라인스톱제'를 도입하는 등 품질 강화에 '올인'하게 되었고 디D램 하나뿐이었던 삼성의 세계시장 점유율 1위 제품은 20개가 되었습니다.

둘째, 위기는 서서히 발생합니다. 위기는 늘 해오던 일에서 천천히 오기 때문에 일상에서는 쉽게 드러나지 않습니다. '설마 무슨 일 있겠어'라는 안일한 생각으로 사소해 보이는 실수나 작은 부실을 방치했을 때 위기는 결국 찾아오게 됩니다. 대형사고는 반드시 사전에 징후가 존재한다는 '하인리히 법칙Heinrich's Law'이라는 용어가 있습니다. 한 번의 대형사고가 터지기 전 여러 번의 작은 사고가 일어나고, 잠재적인 사고는 더 자주 발생한다는 것입니다. 이 법칙은 자연현상, 사회현상 모두에 공통으로 적용됩니다. 부부나 친구 관계에서도 이상 징후가 생긴 것을 감지하지 못하면 파국으로 치닫는 것처럼, 우리 몸의 암이 하루에 발생하는 것이 아니라 조금씩 악성으로 변하는 것처럼 말입니다.

미세한 신호가 왔을 때 경고 메시지를 인지하고 대비하면 좋겠지만 위험이 찾아올 것이라는 사실을 부인하거나 대처 방법을 몰라 위기를 맞을 수 있습니다. 이때가 마쓰시타 고노스케松下幸之助의 말을 상기시켜 볼 때입니다. '비가 내리면 우산을 쓴다. 우산이 없으면 비를 막을 수 있는 어떤 것이라도 집어서 뒤집어 쓴다. 그나마 손에 잡히는 것이 없다면 비를 맞을 수밖에 없다.

비를 맞는 것은 어쩔 수 없지만, 여기에서 배워야 할 것이 있다. 비 오는 날 우산이 없는 까닭은 화창한 날에 방심하여 비 올 때를 준비하지 않았기 때문이라는 점을 깨닫는 것이다. 더불어 다음번에 비를 맞지 않겠다는 다짐을 하는 것이다.'

그럼 우리는 위기에 대처하기 위해서 어떻게 해야 할까요? 먼저 '깨어 있어야 합니다. 잠들어 있는 사람은 아무도 기뻐하거나 춤추거나 환호할 수 없습니다'라는 프란치스코Francis 교황의 말처럼 평소에 약간의 긴장감을 유지하고 현실을 직시해야 합니다. 또한 긴장이 풀어져도 위기를 인지할 수 있는 모니터링이 필요합니다. 큰 병이 생기기 전 이상 징후를 알기 위해 매년 건강검진을 하듯이 위기관리가 뛰어난 기업들은 위기를 미리 감지할 수 있는 지표 등을 개발하고 정기적으로 변동 여부를 체크하여 위기가 발생하기 전에 조치하고 있습니다.

또 위기일수록 돌아가지 말고 정면으로 부딪쳐야 합니다. 회피하거나 부정하게 되면 결국 더 큰 위기로 되돌아올 수 있습니다. 어려움에 봉착하면 정공법으로 타파해야 한다는 생각으로 시간이 오래 걸려도 본인이 잘할 수 있고 믿음을 주는 방식의 해결책을 생각한다면 결국 해결해갈 수 있을 것입니다.

마지막으로 윈스턴 처칠Winston Churchill의 말로 마무리하겠습니다. '당신의 양 옆에는 두 개의 낭떠러지가 있다. 하나는 경고의 낭떠러지, 다른 하나는 만용의 낭떠러지다.' 여러분이 늘 위기의 식을 갖고 긴장의 끈을 놓지 않는다면 낭떠러지로 떨어질 일은 없을 것으로 기대합니다. 감사합니다.

2) 말하기 스킬

(1) 목소리의 힘을 기르기 위한 훈련방법

오늘은 목소리의 힘을 기르기 위한 훈련 방법을 알려드리겠습니다.

첫째, 바른 자세입니다. 말을 할 때는 몸을 일직선으로 곧게 편 상태에서 턱을 당기고 어깨와 가슴은 활짝 펴세요. 배에 힘을 주며 집어넣는 자세를 취합니다. 그리고 목이 지나치게 앞으로 빠지지 않게 주의해야 합니다. 거울을 보거나 사진을 찍어서 자신의 모습을 확인해 보세요. 구부정한 자세는 호흡을 조절하는 능력이 떨어져 충분한 호흡을 공급하기 어렵습니다.

둘째, 복식호흡입니다. 복식호흡은 천천히 코로 호흡을 들이마시고 입으로 내쉬는 것입니다. 호흡을 들이마실 때 배와 옆구리를 부풀린다는 느낌으로, 호흡을 내쉴 때 배와 옆구리를 오므린다는 느낌으로 시행합니다. 이때 어깨나 가슴이 위로 올라가지 않도록 주의해야 합니다.

셋째, 호흡과 소리의 일치입니다. 입으로 호흡을 하게 될 경우 소리의 힘이 약하고 거친 숨소리가 많이 들리는 경향이 있습니다. 목소리의 힘을 기르기 위해서는 코로 호흡하는 훈련을 해야 합니다. 호흡을 코로 들이마시고, 내쉬기 시작할 때 입을 열어 소리를 내는 연습을 하는 것이 좋습니다. 호흡을 내쉬면서 입을 열어 '안녕하세요' 같은 한 단어나 '아', '에', '이', '오', '우' 같은 한 음절씩 말해 봅니다. 호흡과 소리가 동시에 합쳐질 때 가장 좋은 발성이 나오게 됩니다.

넷째, 귀에 쏙쏙 박히는 목소리는 '톤'이 중요합니다. '톤'의 높낮이는 사람의 뇌를 자극하는 주파수와 관련돼 있어 청중을 움직이는 힘을 가졌기 때문입니다. 자신의 톤을 찾아 편안한 발성으로 말하면서 강약 조절과 포즈를 통해 말의 리듬과 맛을 살리는 것이 필요합니다. 심호흡하며 내쉴 때 '아' 또는 '이' 같은 모음을 내면서 15~20초가량 지속해서 소리를 냅니다. 날숨을 길게 만들면 만들수록 소리의 힘이 생기기 때문입니다. 이때 목에 손을 얹어 성대에 힘이 들어가지 않고 울림만 느껴지는지 확인합니다.

다섯째, 콧소리를 없앨 수 있도록 연습합니다. 턱과 혀를 느슨하게 하고 목과 입을 열어 소리가 코로 새는 것을 막아야 합니다. '아' 소리를 내며 천천히 입을 벌리고 '음' 하면서 입을 닫는 동작을 5회 반복하며 수시로 턱관절을 움직이고 입 근육을 풀어 주는 연습을 합니다.

여섯째, 글을 소리 내어 읽는 훈련입니다. 책이나 신문을 읽을 때 입을 가능한 한 크게 벌리고 배에서 소리를 끌어 올리도록 노력합니다. 소리 내어 읽는 훈련에서 중요한 것은 발음과 속도입니다. 발음을 정확하게 하면서 또박또박 읽어야 합니다. 발음 연습이 충분히 됐다면 속도 조절 연습을 해 보세요. 어려운 용어나 전문적인 이야기가 나오는 부분에서는 속도를 늦춰야 합니다. 핵심 내용, 숫자, 연도, 지명, 인명 등은 천천히 읽고 모두가 아는 내용이거나 쉬운 내용이면 속도를 높이면서 전달력과 말의 리듬을 살릴 수 있습니다. 이러한 연습을 3개월 이상 꾸준히 반복하면 목소리의 힘을 기를 수 있습니다.

(2) 좋은 목소리의 요건

어릴 적 읽어보았던 인어공주 이야기를 떠올려볼까요? 인어공주는 사람의 다리를 갖기 위해 마녀를 찾아갑니다. 이때 마녀가 말합니다. "너에게 소중한 무언가를 나에게 줘야 해, 바로 목소리."

마녀는 인어공주를 3일 동안 인간의 모습으로 바꾸어주는 대신 목소리를 달라고 제안합니다. 왜 마녀는 공주의 눈이나 다른 신체가 아닌 목소리를 원했을까요? 목소리는 한 사람의 정체성이기 때문입니다. 상대방의 목소리를 듣고 심리상태와 이미지가 그려지듯이 목소리는 우리의 내면을 표현하는 도구입니다.

또 신체적인 측면에서는 호흡기관인 폐, 발성기관인 후, 발음기관인 혀와 입술 등이 조화를 이루어 소리를 만들어내는 것입니다. 그렇다면 '좋은 목소리'는 무엇일까요? 사람마다 좋은 목소리에 대한 정의가 다르긴 하지만 대체로 안정된 호흡과 힘 있는 발성, 명확한 발음을 갖출 때 좋은 목소리라고 할 수 있습니다. 이러한 목소리는 듣기 좋고 호감을 주기 때문입니다. 또한 본인의 개성을 드러내는 본인만의 목소리가 뒷받침될 때 나의 이미지를 강화할 수 있습니다.

여러분은 좋은 목소리가 타고 난다고 생각하십니까? '좋은 목소리는 흔히 타고 난다'고 생각하지만, 후천적으로 길러지는 것입니다. 목소리의 울림이 좋은 배우 박신양을 아나요? 그는 젊은 시절 자신의 목소리가 콤플렉스였다고 했습니다.

대학시절 연극 연습을 하다가 녹음된 목소리를 듣게 되었고 모깃소리처럼 얇고 힘없는 목소리를 들은 후 큰 충격을 받은 거죠. 이후로 그는 매일 발성연습을 하였고 지금도 등산하면서, 차를 타고 이동하면서, 혼자 노래방에 가서라도 매일같이 발성 연

습을 한다고 합니다. 연기파 배우 김태우도 대학 시절 발음으로
인해 울기도 했지만 이후 볼펜과 코르크를 혀 밑에 끼고 시옷
발음을 연습한다고 밝힌 바 있습니다. 지금도 촬영장에 가기 전
까지 코르크를 물고 혀의 위치를 잡는다고 합니다.

이렇듯 선천적으로 타고난 소리를 한 번에 고치기는 어렵지
만 노력을 하면 바꿀 수 있는 것입니다. 신체 운동을 통해 근육
의 힘을 키우는 것처럼 목소리를 만드는 근육을 제대로 훈련하
면 목소리의 힘을 키울 수 있습니다. 결국 품격 있는 목소리, 적
당한 말의 속도와 어조 변화, 정확한 발음과 힘 있는 발성 등 건
강한 마음과 건강한 신체가 합쳐질 때 좋은 목소리라고 할 수
있습니다.

몸과 마음을 건강하게 만들기 위해서는 운동의 습관화와 적
절한 감정 표현, 균형 잡힌 식사와 휴식이 필요합니다. 목소리가
좋아지면 긴장하는 일도 적어지고 자신감도 생기게 되는데요.
여러분도 몸과 마음의 균형을 통해 좋은 목소리를 만드는 일에
다가서기를 바랍니다.

(3) 발음이 부정확한 다섯 가지 원인과 해결책

안녕하십니까? 발음이 부정확한 다섯 가지 원인과 해결책에
대해 말씀드리겠습니다.

첫 번째 원인은 평소 발음을 얼버무리며 대충 말하는 습관입니다. 대충 말하는 습관이 있는 경우 말하는 속도가 갑자기 '빨라졌다 느려졌다'를 반복하며 빨라지는 부분에서 발음이 심하게 뭉개지는 현상이 나타납니다. 특히 받침과 조사, 종결어미가 잘 들리지 않습니다. 또 적절한 곳에 강세를 주는 것이 아니라 무의미하게 규칙적으로 강약이 반복되며 약하게 말하는 부분에서 빠르게 얼버무리며 넘어가는 경우가 많습니다.

해결책으로는 모든 음가를 또박또박 다 소리 낸다는 기분으로 책을 소리 내어 읽는 연습이 필요합니다. 이때 녹음해서 직접 체크하고 확인하는 것이 좋습니다. 말을 하기 전, '천천히, 또박또박 말해야지'라고 생각하고 말을 시작하세요.

두 번째 원인은 쉬지 않고 한 문장을 몰아치듯 말하는 습관입니다. 몰아치듯 말하는 습관으로 인한 발음 장애 시 나타나는 현상은, 호흡이 모자라 숨이 가빠지고 목소리의 톤이 높아지면서 속도가 점점 더 빨라지게 됩니다. 말하는 내용이 많을 경우 속도는 더 빨라지고 발음도 더욱 뭉개지는데 이는 호흡의 균형이 깨지면서 발음도 뭉개지는 것입니다.

해결책으로는 첫째, 주어부와 서술부, 연결부 문맥 등을 고려하여, 의미 단어별로 띄어 읽는 연습을 해야 합니다. 둘째, 문장과 문장 사이는 반드시 호흡을 가다듬은 다음 시작해야 합니다.

특히 시작 부분을 느리게 시작하도록 마음속으로 '하나 둘 셋'을 세고 들어가는 것이 좋습니다.

세 번째 원인은 호흡을 제대로 들이마시지 않은 경우입니다. 호흡을 들이마시고 그 호흡을 내쉬면서 말을 해야 안정적으로 목소리가 만들어지는데, 호흡을 적절히 들이마시지 않고, 들이마시더라도 공기를 입에 머금은 채 말을 빠르게 하는 경우입니다. 호흡 부족으로 인한 발음 장애 시 나타나는 현상은 소리가 입안으로 먹혀들어 가면서 우물거리는 느낌을 주며 혼잣말처럼 들릴 수 있습니다. 또한 성대가 목을 막는 듯한 답답한 느낌이 들 수 있고 심해지면 말더듬 현상이 나타나게 됩니다. 해결책으로는 확실한 복식호흡 훈련으로 말하기 전 코로 숨을 들이마시고 내쉬면서 천천히 말하는 습관을 들여야 합니다.

네 번째 원인은 표준발음을 제대로 모르는 경우입니다. 한국어는 받침의 발음, 음의 동화에 따라 발음이 달라지기 때문에 표준발음을 알아야 합니다. 예를 들면 '대통령'의 발음은 '대통녕'으로, '협력'은 '혐녁'으로, '곳곳에서'는 '고꼬세서'로 발음한다는 규칙을 알아야 제대로 발음할 수 있습니다. 잘못된 발음으로 인한 발음 장애 시 나타나는 현상은, 사투리 혹은 지역색으로 느껴질 정도로 어색하게 말하는 부분이 많으며 세련된 말투가 아닌 투박한 말투로 들릴 수 있습니다.

해결책으로는 첫째, 가족, 친한 친구, 친한 동료에게 이상한 부분이 없는지 피드백을 요청하는 것이 좋습니다. 둘째, 뉴스를 보면서 아나운서의 발음과 띄어 읽기를 따라 해 보고 녹음해서 아나운서와 어떤 부분이 다른지 비교해 보는 것입니다. 셋째, 아리송한 발음은 부산대학교에서 만든 '표준발음변환기'를 참고해 표준발음을 확인하는 것입니다.

다섯 번째 원인은 입 벌림과 입술 움직임, 혀의 위치가 표준발음과 다르기 때문입니다. 발음은 입술, 혀, 턱의 유연한 움직임에 따라 결정되며 속도와 포즈가 중요합니다. 특히 모음은 입 모양에 따라, 자음은 혀의 위치에 따라 다른 발음이 나오게 됩니다. 입 모양과 혀의 잘못된 위치로 인한 발음 장애 시 나타나는 현상으로는 첫째, 발음의 형태가 달라져도 입술 모양의 변화가 거의 없으며 둘째, 공통으로 입을 많이 벌리지 않습니다.

셋째, 혀에 힘이 들어가 있어서 혀가 미세하게 떨리는 경우가 많습니다. 넷째, 자음 발음 중 ㄹ, ㅅ, ㅈ 발음이 표준발음과 다르게 나오며 모음 발음 중에서는 '어/여/오/요/우/유/으'의 발음이 명확하게 구분되지 않는 경우가 많습니다.

해결책으로는 자음과 모음의 정확한 위치를 파악하는 것이 중요합니다. 거울을 보면서 본인의 입 모양을 관찰한 후 뉴스에 나오는 아나운서의 입 모양과 차이점을 찾아보면 좋습니다. 둘째, 조음기관 풀어주는 운동을 열심히 하세요. 자음 발음을 잘하기 위해서는 혀의 힘을 빼야 하므로 개 체조(혀의 힘을 빼고 길게 빼는 훈련)와 혀를 오른쪽으로 5회, 왼쪽으로 돌리는 연습을 하면 좋습니다.

셋째, 발성표 훈련을 꾸준히 하는 것이 중요합니다.

가 갸 거 겨 고 교 구 규 그 기 (모음)
간 갼 건 견 곤 굔 군 균 근 긴 (응용)
가 나 다 라 마 바 사 아 자 차 카 타 파 하 (자음)
갈 날 달 랄 말 발 살 알 잘 찰 칼 탈 팔 할 (응용)

발성표 훈련을 꾸준히 하면 발음과 발성, 호흡까지 안정적이고 힘차게 만들 수 있습니다.

지금까지 발음이 부정확한 다섯 가지 원인과 해결책에 대해 말씀드렸습니다. 발음은 말하기를 비롯한 모든 의사소통 기능에 영향을 주기 때문에 발음의 중요성을 인식하고 정확하게 발음할 수 있도록 노력해야 합니다. 원인과 해결책을 파악하셔서 명확한 발음으로 사람들의 신뢰를 얻으시기 바랍니다.

(4) 낭독의 힘

안녕하십니까? ○○○입니다. 저는 오늘 여러분과 함께 낭독의 힘에 대해 이야기하려고 합니다. 낭독, 왜 중요할까요? 낭독을 왜 해야 할까요? 낭독은 우리의 뇌를 깨우고, 우리의 오감을 깨우고, 집중력을 높여주는 활동이기 때문입니다. 또한 낭독을 하면서 어느새 이해력과 사고력, 표현력이 향상된 것을 느낄 수 있습니다.

세계적인 뇌 과학자 가와시마 류타川島隆太 교수는 뇌 활성화에 대한 연구를 진행하다가 낭독의 중요성을 발견했습니다. 낭독인 소리 내어 읽기를 할 때는 생각하기, 글쓰기, 읽기를 할 때보다 월등히 많은 뇌신경 세포가 반응했습니다. 평균적으로 전체 뇌신경 세포의 70% 이상이 반응했는데, 이는 묵독이나 그저 외우기 등을 했을 때보다 훨씬 높은 수치입니다.

낭독을 하게 되면, 오감을 활용할 수 있습니다. 첫째, 문자를 보기 위해 눈을 움직이고 둘째, 소리를 내기 위해 배에 힘을 주고 입과 입술, 혀, 성대까지 운동을 합니다. 셋째, 입이 낸 소리를 듣기 위해 고막의 청각운동까지 진행됩니다. 넷째, 낭독한 글의 의미를 머릿속으로 생각하고 가슴으로 느낄 수 있습니다.

또 낭독으로 자신의 읽기 능력과 집중력을 점검할 수 있습니다. 문장의 구조나 어법을 알고 있는지 모르고 있는지 단번에 알

수 있습니다. 의미 단위로 끊어 읽으면서 듣는 사람이 쉽게 이해할 수 있도록 낭독한다면 집중력이 뛰어나고 글을 완벽하게 이해했다는 뜻입니다. 반면 오독이 많고 끊어 읽기가 어색하다면 딴 생각이 끼어들거나 문장을 충분히 이해하지 못했다는 뜻이 됩니다. 낭독을 많이 하다 보면 문장의 구조나 글쓴이에 의도에 맞게 자연스럽게 숨을 조절해 가면서 읽게 됩니다. 물이 흘러가듯이 자연스럽게 말하듯이 낭독하는 것이 낭독의 최고점이라 할 수 있습니다.

이렇게 낭독은 뇌에 많은 자극을 주어 뇌의 활성화가 이루어지고 기억력이 높아집니다. 좌뇌와 우뇌의 기능을 함께 올릴 수 있는 두뇌 훈련 방법, 바로 낭독입니다. 게다가 낭독 훈련을 통해 발음과 발성, 호흡까지 확실하게 만들 수 있으니 오늘부터 낭독 훈련 함께해 볼까요?

(5) 여러분의 목소리를 들어 보세요

두 손을 펴서 컵처럼 모아 귀 뒤쪽에 얹고 볼을 감싸 쥐는 듯한 상태에서 말을 해보세요. 손바닥 안쪽에 통로를 만들어주어 입에서 나온 소리가 손바닥 안쪽과 귓바퀴를 타고 들어가도록 해야 합니다. 자신의 목소리에 만족하시나요? 대부분 이렇게 해서 듣거나 녹음하여 듣게 되면 자신의 목소리가 아닌 것 같다고 합니다. 익숙하지 않기 때문입니다.

(6) 말하기 기술을 습득하는 3가지 방법

여러분은 대중 앞에서 말을 잘하고 싶으십니까? 그렇다면 괴테의 말을 따라 하시면 됩니다. 괴테는 말했습니다. '성공은 두 글자로 되어 있다. 행동.' 하지만 말하기는 무작정 행동한다고 해서 성공하기가 어렵습니다. 말 잘하기로 타고난 사람들이라도 '방법'을 제대로 익히지 못하면 알맹이 없는 '수다'에 그칠 수 있습니다. 내 생각과 경험을 제대로 전달하는 방법을 배우는 것이 중요합니다. 어떻게 말하기 기술을 익힐 수 있을까요?

첫째는 모방입니다. '세계 최고의 부자가 될 수 있었던 성공 비결은 무엇입니까?' 한 기자의 질문에 빌 게이츠Bill Gates는 이렇게 답했습니다. '다른 사람의 좋은 습관을 내 습관으로 만들면 됩니다.' 가고자 하는 곳을 가장 쉽게 찾아가는 방법은 그곳에 가본 사람에게 길을 물어보는 것입니다. 말하기를 잘하고 싶다면 말하기 분야에서 탁월한 업적을 이룬 사람을 보고 배울 수 있습니다. 책 혹은 유튜브, 강연을 통해 나에게 맞는 스피치 달인을 찾아 그들의 말하기 스타일, 자세, 태도, 제스처, 말투 등을 따라 하는 것입니다.

GE의 회장 잭 웰치Jack Welch도 주주들에게 보낸 편지에서 모

방에 관해 이야기했습니다. '더 좋은 아이디어를 표절하라. 그것
은 합법적이다. 학습하는 문화를 만들어라. 오늘 우리가 생각할
수 있는 것에 대해서는 분명 어딘가에 더 좋은 생각을 가지고
있는 사람이 있을 것이다.' 웰치는 올바른 답은 어딘가에 있지
만, 그 답을 자신이 갖고 있지 않을 수도 있기 때문에 어딘가에
있는 답을 찾아 빠른 시간 내에 실행에 옮기는 것이 합법적이라
고 말했습니다.

GE 역시 크라이슬러와 캐넌으로부터 출시 기법을, 모토로라
와 포드로부터 품질관리에 대한 노하우를 배웠습니다. 모방은
창조의 어머니라는 말이 있듯이 따라하다 보면 차츰 나의 생각
과 논리가 생기게 되고 나의 스타일이 생기게 됩니다. 모방은 실
패할 확률이 적고 쉽게 터득할 수 있다는 장점이 있지만 나다움
을 찾지 못하면 원본이 아닌 복제품이 될 수 있다는 단점이 있
습니다. 장기적인 관점에서 모방하고 응용하며 내 스타일을 찾
는 고민을 해야 합니다.

둘째는 연구입니다. 직접 나만의 말하기 스타일을 찾고 개발
해 해결책을 모색하는 것입니다. 누군가의 도움을 받지 않고 연
구해 가기 위해서는 스스로에 대한 명확한 인식과 믿음이 분명
해야 하며 탐구하는 것을 즐겨야 합니다. '어떤 면을 보완해야
할까?', '스피치를 잘하기 위해서는 어떤 것을 해야 할까?' 등을

고민하고 분석하면서 자신에게 맞는 연습 방법을 찾아가는 것입니다. 주도적으로 자신의 말하기를 바꾸고자 노력하는 사람들은 벽이 있다는 것을 알면서도 벽을 넘어뜨려 문으로 만드는 개척정신을 가진 유형입니다. 녹음, 녹화, 자료 수집, 주변의 피드백 등 다양한 거울을 통해 스피치 능력을 확인하고 가다듬을 수 있습니다. 연구의 장점은 자신에 대한 이해와 통찰력이 생긴다는 것, 단점은 시간이 오래 걸리고, 자기부정과 자기 확신이 강한 사람들은 객관적인 평가가 어렵다는 점입니다.

셋째는 전문가의 도움을 받는 것입니다. 주변에 말 잘하는 사람에게 노하우를 배우거나 전문 학원에서 말하기에 대한 기술을 배우는 것입니다. 스피치 학원과 전문가를 찾는 사람들은 발표 불안에 대한 두려움을 가진 경우가 많습니다. 사람들 앞에서 말할 때 머릿속이 하얘지고 얼굴은 빨개지고 말할 내용은 백지가 되면서 어려움을 겪었던 경험이 있습니다. 혼자서 답을 찾기가 어렵고, 올바른 방법을 모르기 때문에 도움을 받는 경우가 대부분입니다.

투자의 대가 워런 버핏도 젊은 시절 사교성 부족 과 부끄러움 때문에 스피치를 배웠습니다. 자신의 부족한 부분을 채워 더욱 자신감 있는 사람으로 탈바꿈하게 된 것이죠. 버핏의 말 중에는 대중 연설에 대한 부분도 있는데 숫자로 표현하는 것이 역시 버핏답습니다. "대중 연설 능력이 있는 사람은 몸값도 50% 바로 올릴 수 있고 앞으로 50년 살아남을 것이다.

전문가의 상담을 받으면 전달력과 말하기 구조를 체계적으로 익힐 수 있고 평가와 해결방안을 알 수 있다는 장점이 있지만, 주체가 아닌 객체가 되어 문제를 해결할 수 있다는 단점이 있습니다.

발레리나 강수진 씨는 '좋은 발레리나의 조건'을 묻는 기자의 질문에 이렇게 답했습니다. "저는 어떤 역을 맡으면 연습 전에 그 작품에 관한 책부터 봐요. 그 후에 오페라나 영화, 연극 등 그 역과 관련된 자료들도 모두 구해 꼼꼼하게 봅니다. 또 과거 그 역을 맡았던 발레리나의 영상을 구해 보고요. 그런 다음에 저만의 것을 찾아내고 저만의 역으로 만드는 연습을 해요. 누구를 흉내 내는 게 아닌 나만의 유일한 것, 그것이 있어야 해요. 똑같은 스텝이라도 저만의 다른 감정이 있잖아요."

여기에서 중요한 것은 다른 사람에게 배우고 익히더라도 나만의 스타일이 있어야 한다는 것입니다. 말을 잘하는 사람은 자신만의 스타일이 있고 그것을 효과적으로 구사할 수 있습니다. 가끔 발표자의 내용과 표현에서 개성이나 결이 드러나지 않는 발표를 들을 때가 있습니다. 그런 발표는 책에 있는 정답을 듣는 느낌이라 금세 잊히고 기억에 남지 않습니다. 말하기에서도 내가 주체가 되고 내 생각이나 개성이 드러날 수 있도록 해야 합니다. 여러분도 자신에게 맞는 말하기 방법을 찾아 적용한 후 다른 사람들 앞에서 자신 있게 발표해 보시기 바랍니다.

(7) 발표 시 오프닝의 중요성

여러분은 말하기를 준비할 때 어떤 부분에 가장 신경을 많이 쓰시나요? 제가 말하기를 준비하면서 가장 공들이는 부분은 서론에서의 오프닝입니다. 본론, 결론, 서론 순으로 뼈대를 만들고 살을 붙여가는 과정을 진행하는데요. 특히 서론에서 어떻게 시작할까를 고민합니다. 사람을 만날 때 첫인상에 따라 편견을 갖게 되듯이 오프닝에서 청중을 내 편으로 만들지 못하면 발표에 집중하지 못하는 청중을 많이 경험했기 때문입니다.

그래서 오늘은 오프닝에서 활용할 수 있는 방법 한 가지를 알려드리려고 합니다. 바로 유사성의 원리를 활용하는 방법입니다. 유사성의 원리란 나와 비슷하게 행동하고 관심, 경험이 비슷하며 같은 울타리에 소속해 있는 사람에게 더 호감을 느낀다는 심리학 이론입니다.

페이스북의 마크 저크버그Mark Zuckerberg가 2017년 하버드대학에서 졸업식 축사를 했습니다. "먼저 지난 며칠 동안 제가 떠올렸던 행복한 추억 얘기부터 하죠. 자신이 하버드에 합격했다는 메일을 받은 순간 정확히 뭘 했는지 기억하는 분이 몇 분이나 될까요? 저는 게임을 하다가 아래층으로 뛰어 내려가 아버지를 불렀고, 장담하건대 하버드에 합격한 일은 아직도 저희 부모님이 저에 대해 가장 자랑스러워하는 부분입니다. 또한 하버드에서 가장 좋은 기억은 바로 아내 프리실라를 만난 것입니다. 우리는 이곳에서 평생의 우정을 찾기도 하고 가족을 찾기도 합니다."

제가 저커버그의 축사에서 주목한 부분은 바로 하버드에 얽힌 본인의 추억과 공통점에 관한 부분이었습니다. 발표자가 오프닝에서 청중과의 공통점이나 유사성을 이야기하면 듣는 사람은 경계심을 풀고 귀를 기울이기가 쉽다는 것을 잘 보여준 사례입니다.

이번에는 중국과 미국의 이야기로 건너가 보겠습니다. 중국 후한 말 손권孫權의 책사였던 노숙魯肅은 제갈량諸葛亮과의 첫 만남에서 이렇게 말했습니다. "나는 그대의 형 제갈근諸葛瑾의 친구요." 이 한 마디로 두 사람은 마음이 통했고 손권과 유비劉備가 동맹을 맺어 조조曹操에게 반격하는 것을 합심해서 돕게 되었습니다.

그런가 하면 미국의 로널드 레이건Ronald Reagan 전 대통령은 1984년 상하이 푸단대학을 방문한 기념사에서 "사실 나는 여러분이 다니는 이 학교와 가장 가까운 인연을 맺고 있습니다. 셰

시더 총장과 내 부인 낸시는 미국 스미스대학 동창이거든요. 그러니 여러분도 당연히 내 친구나 다름없습니다." 레이건의 말에 장내에 박수 소리가 터져 나왔고 자연스럽게 이야기를 이어나갈 수 있었습니다. 같은 사람을 알고 있다는 사실로 인해 사람의 마음을 얻을 수 있었던 것입니다.

심리학자 로버트 치알디니Robert Cialdini는 유사성의 원칙으로 '우리는 우리가 잘 알고, 좋아하는 사람이 요구하는 것을 수락하기를 좋아한다'라고 했습니다. 발표에서도 발표자가 나와 비슷한 환경, 추억, 공통점을 가지고 있으면 내 이야기 같다는 생각에 자연스레 마음을 열고 빠져들게 되는 것입니다.

앞으로는 발표를 준비할 때 핵심 내용뿐 아니라 오프닝을 어떻게 시작하면 좋을지 고민해 보면 어떨까요? 이름, 고향, 모교, 지역, 나이, 지인, 업종, 성별, 신념, 목적, 동기 등 청중과의 유사점, 공통점을 찾는 데 정성과 노력을 들이는 것입니다. 청중은 공통분모가 있는 여러분에게 마음을 열고 공감대를 형성할 준비를 하게 될 것이고 발표가 순조롭게 이어질 수 있습니다.

(8) 유재석에게 카메라 울렁증이?

우리나라 최고의 국민 MC 유재석, 모든 국민의 사랑과 찬사를 받는 그가 과거에 카메라 울렁증이 있었다는 사실을 알고 계시나요?

유재석은 1991년 KBS 제1회 대학개그제에서 장려상을 받으면서 KBS 희극인 공채 7기로 데뷔했습니다. 하지만 대상이 아닌 장려상이었고 이를 인정하지 못한 유재석은 한 손은 주머니에 꽂고 한 손으로는 귀를 후비며 기쁘지 않은 표정으로 시상대에 올랐습니다. 이로 인해 선배들에게 많이 혼이 나기도 했는데요. 그는 이후 예능 프로그램인 〈해피투게더〉에서 '학창 시절 재미있는 사람으로 유명했던 내가 TV에 나오면 난리가 날 줄 알았다'고 했습니다.

이렇게 자신감이 넘쳤던 유재석은 무려 9년이라는 긴 무명세월을 보내게 되는데 바로 카메라 울렁증 때문입니다. 개그맨이된 후 〈연예가중계〉 리포터로 출연한 생방송에서 과도한 긴장과 스트레스로 '아, 여기 실수하면 안 되는데. 왜 자꾸 여기 틀리지' 하면서 걱정을 하다가 많은 실수를 하게 되자 더 불러주는곳이 없었습니다.

이후로 그는 본인의 재능을 알아주지 않는 세상을 원망하기도 하고 좌절하기도 했지만 본인의 단점을 장점으로 바꾸는 데집중하며 무명생활을 견디게 됩니다. 그가 무명시절을 견디면서 했다는 기도가 〈무한도전〉을 통해 나온 적이 있었습니다. '정말 한 번만 기회를 주시면, 단 한 번만 개그맨으로서 기회를 주시면, 소원이 나중에 이뤄졌을 때 지금 마음과 달라지고, 초심을 잃고, 만약에 이 모든 것을 나 혼자 얻은 것이라 단 한 번이라도 생각한다면 이 세상에 어느 사람보다 큰 아픔을 주셔도 단 한마디도 왜 이렇게 가혹하게 하시나요, 라고 말하지 않겠습니다'라고 기도하며 단역이라도 최선을 다했습니다.

그는 이후 〈서세원쇼〉에서 두각을 나타내며 국민 MC로서의 면모를 서서히 보이게 되었습니다. '스스로 싸구려가 되지 말자고 다짐하며 모두들 내 연기를 보고 웃을 것'이라는 자기최면을 걸고 나니까 정말 그렇게 되었다는 유재석의 말은 우리에게 많은 깨달음을 줍니다. 우리가 여기에서 주목해야 할 것은 유재석이 무명 시절 기회를 얻기 위해 기울인 노력입니다. 그는 카메라 울렁증을 어떻게 극복했을까요?

첫째, 예능 프로그램을 녹화하고, 화면 속 진행자의 멘트가 나오기 전 정지 버튼을 누른 뒤 그 다음에 나올 말을 맞추는 훈련을 했습니다. 둘째, '내가 MC라면 어떻게 물었을까? 내가 게스트였다면 어떤 답을 했을까?'를 계속 연습하며 실전처럼 임기응변을 다져 나갔습니다. 셋째, 볼펜을 입에 물고 발음 연습을 매일매일 했습니다. 이러한 노력과 훈련이 있었기에 다시 기회가 왔을 때 잡을 수 있었던 것입니다.

오랜 기간 인내하며 얻은 최고의 MC 자리이기에 그는 지금도 엄격한 자기관리와 사전준비로 유명합니다. 말하기에 쓸 각종 소재를 찾기 위해 하루에 신문 3~4부를 읽고 본인이 출연하는 프로그램 스태프에게 끊임없이 전화로 물어보며 다양한 의견을 제시한다고 합니다. 또한 체력관리를 위해 담배도 끊고 꾸준히 운동한 덕분에 시청자들에게 항상 활기 넘치는 모습을 보여 줄 수 있는 것입니다.

유재석이 카메라 울렁증을 극복하지 못했더라면 현재의 유재석은 존재하지 않았을 것입니다. 그가 미래에 대해 준비하지 않았다면 우리는 최고의 MC를 만나지 못했을 것입니다.

이렇듯 발표 불안증은 나만의 문제가 아닙니다. 데이비드 왈레친스키David Wallechinsky의 저서《북 오브 리스트The Book of Lists》에는 인간이 느끼는 최고의 공포 중 1위가 바로 많은 사람 앞에서의 '발표 공포'라고 했습니다. 인간이라면 누구나 발표 불안증을 느끼고 사람들의 시선을 피하고 싶어 한다는 것입니다. 그렇다면 발표 불안을 이겨내는 방법은 무엇일까요? 첫째, 내가 느끼는 발표 불안의 원인과 현상을 객관적으로 바라보는 것입니다. 원인이 실수, 결과에 대한 부담이나 발표 실패의 경험 때문인지를 파악하고 목소리 떨림, 얼굴 홍조, 머릿속 하얘짐, 중언부언 등의 현상을 적어봅니다. 원인과 현상을 파악하면 심리적인 요인에 대한 해결책과 훈련 방법에 대한 방안을 찾을 수 있습니다.

둘째, 발표 불안을 이겨낸 나의 모습을 상상해 보는 것입니다. 먼저 발표를 계속 회피할 경우 나의 미래를 떠올려 보세요. 더 성장하지 못하고 현재에 머물러 있을 자신의 모습을 떠올려 보는 것입니다. 그 다음 발표 불안을 이겨내고 청중 앞에서 멋지게 발표를 하는 자신의 모습을 상상해 보세요. 나의 실력을 인정받고 자격을 인정받을 수 있는 사람으로 거듭나는 자신의 모습을 그려보시기 바랍니다. 성공한 모습을 그려냄으로써 발표에 대한 두려움으로 잊고 있었던 나의 미래를 재인식하기 바랍니다.

(9) 대통령 명연설 따라 읽기

말하기 기법을 배우는 쉬운 방법의 하나가 외국 정치인들의 연설을 분석하고 따라해 보는 것입니다. 말 잘하기로 소문난 버락 오바마의 말하기에 대한 연구가 그 중 대표적인데요. 오늘은 외국 대통령의 연설 가운데 가장 인상 깊었던 세 편의 연설문을 함께 낭독해 보도록 하겠습니다.

"비평하는 사람은 중요하지 않습니다. 강한 선수가 실수했다고 지적하거나 어떤 선수가 이러저러하게 하면 더 낫겠다고 훈수나 두는 사람은 중요하지 않습니다. 진짜 중요한 사람은 경기장에 서 있는 투사입니다. 그는 얼굴에 흙먼지와 땀과 피를 잔뜩

묻혀가며 용감하게 싸웁니다. 실책을 범하기도 하고 거듭 한계에 부딪히기도 합니다. 모름지기 노력하면 실수를 하고 한계를 드러내기 마련입니다. 하지만 경기장의 투사는 자신의 노력으로 경기를 치릅니다. 그는 위대한 열정이 무엇이고 위대한 헌신이 무엇인지 압니다. 그는 가치 있는 목표를 위해 온몸을 던집니다. 잘될 경우 그는 큰 성취감을 맛봅니다. 최악의 경우에도 그는 용기 있는 실패를 하는 겁니다."

제가 으뜸으로 좋아하는 연설문입니다. 미국의 26대 시어도어 루스벨트Theodore Roosevelt 대통령이 1910년 프랑스 소르본대학에서 한 '공화국 시민Citizenship in a Republic'이라는 연설문 중 일부입니다.

"제가 확실히 알고 있는 것을 말씀드리겠습니다. 위대한 미국은 역경을 극복하고 살아남을 것이며 번영을 이룰 것입니다. 우리가 경계해야 할 것은 두려움 그 자체입니다. … 그것은 후퇴를 전진으로 바꾸는 노력을 마비시킵니다."

1933년 경제 대공황의 한복판에서 취임한 프랭클린 루스벨트Franklin Roosevelt 대통령의 취임사도 국민에게 용기를 주는 명연설로 인정받고 있습니다. 루스벨트의 연설에 미국 국민들은 '다시 일어설 수 있다는 희망을 갖기 시작했다'고 합니다.

"우리는 다수이지만 하나라는 진실을 말입니다. 우리가 살아 숨을 쉬는 한 우리는 꿈을 꿉니다. 의심과 냉소 앞에서, 우리에게 안 된다고 말하는 자들 앞에서, 우리는 모든 자의 영혼을 하나 되게 하는 그 불변의 가치로 답할 차례입니다. 그렇습니다. 우리는 할 수 있습니다."

- 2008년 버락 오바마 미국 대통령 당선 연설

"저의 동료 미국인 여러분, 여러분을 섬기는 것은 제 삶의 영예였습니다. 저는 멈추지 않을 것입니다. 사실 저는 남은 평생 시민으로서 여러분과 함께 있을 것입니다. 그러나 지금은 여러분이 젊든 혹은 마음이 젊든, 여러분의 대통령으로서 마지막 부탁을 여러분에게 드리겠습니다. 여러분이 8년 전 제게 기회를 줬을 때와 똑같은 요청입니다. 저는 여러분이 믿기를 간청합니다. … 우리는 할 수 있습니다."

- 2017년 버락 오바마 퇴임 연설

희망과 변화를 이야기하고 우리 함께 바꿔보자는 버락 오바마의 메시지는 많은 사람에게 진심으로 다가왔습니다. 국민에 대한 공감과 진정성이 있었기에 그의 말에 웃고 우는 사람들이 있었습니다.

여러분은 어떤 연설문이 가장 공감되시나요? 연설문은 말의 힘과 호흡, 강조기법을 배울 수 있는 좋은 스승입니다. 좋은 연설문을 찾아 '마치 대통령이 된 것처럼, 기업가가 된 것처럼' 연습해 보는 훈련을 해 보시기 바랍니다.

(10) 3분 스피치 훈련

안녕하십니까? ○○○입니다. 저는 오늘 '3분 스피치 훈련'에 대해 말씀 드리겠습니다. (주제 선언) 여러분, '대화와 스피치'의 가장 큰 차이점을 아십니까? (질문을 통한 관심 유발) 바로 '목적이 없는 말하기'인가, '목적이 있는 말하기인가'입니다. 즉, 스피치는 듣는 사람들에게 정보 전달이나 설득, 동기 부여 같은 목적을 가지고 말을 하게 되는 것입니다. (스피치의 특징 설명)

목적이 있는 말하기를 잘하기 위해서는 말의 구조를 세우고 주제에 맞는 내용과 예시를 적절히 제시하는 것이 중요합니다. 여러분도 다른 사람의 마음을 사로잡는 스피치를 하고 싶으시죠? (주제 안내와 동기 부여) 그렇다면 그 시작으로 3분 스피치 훈련을 권해드립니다. 3분 스피치 훈련이란 첫째, 다양한 화제 거리를 수집하고 둘째, 주제에 맞게 배열한 후 셋째, 3분간 조리 있게 말하는 훈련을 하는 것입니다. 3분 스피치 훈련을 꾸준히 하신다면 여러분의 스피치도 더욱 빛을 발하실 거라고 믿습니다. 오늘부터 3분 스피치 훈련, 함께해 보면 어떨까요?

3) 의사소통기법

(1) 니체의 말을 따르면 대인관계에 성공한다

니체Nietzsche의 명언 중에 이런 말이 있습니다. '정의로운 사람은 빠르게 판단하지 않는다. 정의로운 자는 스스로 서둘러 판단하는 것을 삼간다. 정의로운 자는 남의 말을 경청하는 자이고 정의로운 자는 남에게 친절한 자다.' 명쾌한 니체의 말을 대인관계에 적용해 보고자 하는데요. 오늘은 처음 만난 사람과 대화를 잘하기 위한 세 가지 방법에 대해 말씀드리겠습니다.

첫째 '상대를 있는 그대로 인정하라'입니다. 우리 마음속에 있는 개 두 마리를 아십니까? 사람은 누구나 두 마리의 개를 키운다고 합니다. 이 개는 나이를 먹으면서 크기가 점점 커지는데요. 바로 선입견과 편견입니다. 우리는 다른 사람의 말을 듣기 전에 그의 행동이나 표정, 자세 등을 보고 상대를 판단하고 짐작할 때가 있습니다.

하지만 막상 그 사람을 알게 되면 나의 판단이 성급했음을 알고 반성하게 되는데요. 상대에 대한 부정적인 판단이나 짐작을 누르고 상대방의 이야기를 있는 그대로 들어보세요. 또 상대방의 단점이 아닌, 장점에 집중하세요.

둘째 '내가 아니라 상대를 대화의 중심에 놓아라'입니다. 영국의 수상을 지낸 윌리엄 글래드스톤William Gladstone과 벤저민 디즈레일리Benjamin Disraeli에 대한 재미있는 일화가 있습니다. 한 여성이 이들과 모두 데이트를 하게 되었습니다. 이후 친구들이 두 사람의 차이를 물었습니다.

"글래드스톤은 날 극장으로 데려갔어. 헤어질 무렵이 되니까, 그 사람이 세상에서 가장 세심하고, 똑똑하고 매력적이라는 생각이 들었어."

"그럼 디즈레일리는?"

"디즈레일리는 나를 오페라에 데려갔지. 헤어질 때쯤 되니까, 내가 이 세상에서 가장 세심하고, 똑똑하고 매력적인 사람이라는 생각이 들던걸."

여러분은 자신에 대한 이야기만 늘어놓는 사람과 나의 말과 행동에 집중하면서 나를 존중해주는 사람 중 누구와 함께 있고 싶으신가요?

셋째 '내 눈높이가 아닌 상대방 눈높이에 자신의 눈높이를 맞추라'입니다. 10대 청소년과 대화를 나눌 때 좋아하는 음식, 동물, 연예인, 즐기는 게임에 초점을 맞추며 이야기를 나누면 순조롭게 이야기가 진행되는 것처럼 상대방의 관심사에 초점을 맞추는 것이 중요합니다. 그렇다면 상대방의 관심사와 성향을 어떻게 알 수 있을까요?

부드럽게 가벼운 질문을 통해 공통점을 찾고 이야기의 물꼬를 트는 것이죠. 여기에서 주의할 점은 질문을 계속하면 안 된다는 것인데요. 말수가 적거나 불안감이 있는 사람은 계속 질문 받는 것을 불편해합니다. 취조당하는 기분이 들기 때문입니다. 이럴 땐 나의 경험이나 정보를 적절히 제시하면서 상대방의 의견을 묻는 방식으로 이야기를 이어나가면 됩니다.

"저는 이렇더라고요. 이런 것에 대해 어떻게 생각하세요?" 이렇게 말이죠. 이때 상대방의 대답과 생각이 나와 다르더라도 부정하지 않고 넘어갈 수 있는 용인이 필요합니다.

《어린 왕자Le Petit Prince》에 이런 이야기가 나옵니다.

"친구를 가지고 싶다면 나를 길들이렴."

"그럼 어떻게 해야 하는 거지?" 어린 왕자가 물었다.

"참을성이 있어야 해." 여우가 대답했다. "우선 내게서 좀 멀어져서 이렇게 풀숲에 앉아 있어. 난 너를 곁눈질해 볼 거야. 넌 아무 말도 하지 말아. 말은 오해의 근원이지. 날마다 넌 조금씩 더 가까이 다가앉을 수 있게 될 거야…."

누군가와 가까워지고 알아간다는 것은 시간과 인내심을 필요로 합니다. 우리가 사는 세상은 인간관계의 합으로 이루어져 있기 때문에 대인관계는 매우 중요합니다. 매 순간 일상에서 만나는 사람들의 인연을 소중히 한다면 여러분의 대인관계는 성공입니다.

(2) 격려의 화법

2017년 10월, 베트남 U-23 대표팀 감독으로 박항서 감독이 선출되자 베트남 현지에서는 차가운 시선이 많았습니다. 한국 3부 리그 출신 감독이 말이 되냐는 비판이었습니다. 하지만 1년도 안 돼 베트남 국민 모두의 존경을 받는 감독으로 다시 태어났습니다. 베트남이 동남아시아 국가 중에서 최초로 2018 아시아축구연맹AFC U-23 챔피언십 결승에 진출했을 뿐만 아니라 베트남 축구 역사상 첫 AFC 주관 대회 준우승이라는 대업을 이룩했기 때문입니다.

경기가 끝난 후 박항서 감독은 우승을 아깝게 놓쳐 낙담해 있는 선수들에게 "우리는 최선을 다했다. 절대 고개 숙이지 마라. 우리는 베트남 축구의 전설이다"라고 말했습니다. 또 왼쪽 가슴의 국기를 손으로 두드리면서 "우리는 최선을 다했기 때문에 자부심을 가져도 된다. 준우승했지만 너희들은 충분히 기뻐할 자격이 있다"라며 선수들을 격려했습니다. 약체로 평가받던 베트남 축구팀을 강팀으로 만든 것은 이렇듯 진심 어린 격려와 선수 개개인에 대한 관심에서 시작되었습니다. 직장 내에서도 따뜻한 말 한마디로 일의 능률이 올라가기도 하고 사기도 진작시킬 수 있습니다. 그렇다면 격려의 말을 잘 하기 위한 방법은 무엇일까요?

첫째, '스스로 격려하는 습관을 기르자'입니다. 스스로 당근보다 채찍을 많이 쓰는 사람은 타인에게 위로나 격려의 말을 건네기가 어렵습니다. 다른 사람을 볼 때도 장점보다는 단점이 먼저 보이기 때문입니다. 부정적인 생각이 많으면 부정적인 말과 행동으로 흐르게 되고, 긍정의 말은 긍정적인 습관으로 길러집니다. 사랑을 많이 받은 사람이 사랑을 줄 수 있다는 말처럼 우선 나 자신을 있는 그대로 인정하고 격려할 줄 알아야 합니다. 나를 받아들이고 힘이 나는 말을 스스로 하는 습관이 길러지면 다른 사람에게도 진심 어린 위로와 격려의 말을 건넬 수 있습니다. 나의 작은 성취부터 격려하고 응원하는 습관을 길러보면 어떨까요?

둘째, 격려에는 시간이 필요합니다. 칭찬과 격려 차이의 가장 큰 차이점은 무엇일까요? 칭찬은 처음 보는 사람에게도 쉽게 할 수 있지만, 격려는 상호관계가 형성되어야만 할 수 있다는 점입니다. 동료나 상사, 직원에게 힘이 되는 메시지를 전하고 싶지만, 딱히 할 말이 떠오르지 않는다면 그 사람과의 관계가 아직 형성되지 않은 것입니다. 위로나 동기부여가 필요한 사람에게 어떠한 말이 필요할지 곰곰이 생각해보고 그 사람에게 지속적인 관심을 가져보세요. 격려를 주고받기 위해서는 공통분모의 이야기를 나눌 수 있는 시간이 필요합니다.

셋째, 상대방을 있는 그대로 지지하고 응원해주세요. 방탄소년단의 2018년 유엔 연설 중에 이런 대목이 있습니다. "어제 실수했더라도 어제의 나도 나이고 오늘의 부족하고 실수하는 나도 나입니다." 개인의 성장과 조직의 발전을 위해 격려는 꼭 필요합니다. 하지만 격려의 말이 지나치면 상대방에게 부담을 주거나 상황에 맞지 않는 말로 역효과를 낳을 수 있습니다. 또한 기대에 부응하지 못하면 어쩌나 걱정과 염려가 일에 대한 집중을 방해할 수도 있습니다. 때로는 "수고했어", "자네 덕분이야"라는 단순한 격려가 마음에 와 닿기도 합니다. 상사가 나의 능력을 인정해주었다는 '믿음'이 의욕과 용기로 이어질 수 있습니다. 성공이든 실패하든 있는 그대로 그 사람을 믿고 능력을 지지해주는 것이 필요합니다.

넷째, 따뜻한 말투와 희망적인 표현을 사용하세요. 말은 '마음의 알갱이'라는 뜻으로 말에는 그 사람의 생각과 느낌이 들어있습니다. 누군가를 위로하지만 상대방이 진심을 느끼지 못한다면 나의 말투와 표현에 문제가 있을 수 있습니다. 상대방을 위로하거나 격려할 때는 상대방의 기분과 현재 상황을 파악하고자 노력해야 하며, 편안하고 따뜻한 느낌이 들 수 있도록 말의 속도를 한 템포 늦추는 것이 좋습니다. 또한 바로바로 맞장구를 치기보다는 상대방의 말을 끝까지 듣는 것이 필요합니다. 표현에서도 그 사람만의 문제가 아닌 "우리, 함께" 등의 공동체적인 표현과 "앞으로 잘하자, 나중에 크게 될 거야" 등 미래의 성공에 대한 희망적인 그림을 그려주면 의욕이 솟아날 수 있습니다.

다섯째, 지속해서 관심의 말을 건네는 것이 중요합니다. '상사가 자기 일에 열중하느라 직원에게 적절한 피드백을 주지 못할 때 직원들의 일에 대한 열정은 사라진다.' 리처드 윌리엄스Richard Williams의 《피드백 이야기Tell Me How I'm Doing》에 나오는 말입니다. 상사들이 자주 하는 실수 중 하나가 일 잘하는 직원에게는 굳이 말하지 않아도 알아서 잘할 거라는 생각입니다. 알아서 일 잘 하는 사람은 없습니다. 사람은 누구나 상사에게 인정받기를 원합니다. 내가 수행한 일의 가치를 인정해주는 말을 듣는 것은 직장인으로서 나 자신이 소중한 존재라는 사실을 확인하는 것입니다. 지속해서 격려와 감사의 마음을 담은 말을 통해 일을 잘하는 직원은 꾸준히 잘하게 만들고, 부족한 직원은 조금 더 자신의 능력을 발휘할 수 있도록 환경을 조성해야 합니다.

여섯째, 격려의 말과 더불어 행동으로 실천해 보세요. "자넨 잘해 낼 거야. 내 도움이 필요하면 언제든 이야기해." 듣기만 해도 힘이 되는 말입니다. 부하직원들은 상사의 이런 말로 용기와 자신감을 얻고 업무에 집중하게 됩니다. 도움을 요청할 때, 내가 말했던 것처럼 행동으로 실천해 보세요. 지원을 요청할 때 나서서 적극적으로 도와준다면 상사에 대한 존경과 믿음은 저절로 생길 것입니다.

역사상 가장 위대한 걸작으로 손꼽히는 영화 《벤허Ben-Hur》에는 유명한 마차 경주 장면이 나옵니다. 벤허는 자기 어머니와 여동생을 감옥에 보내고 자기를 노예로 만든 메살라와 경쟁하게 되는데 벤허와 메살라가 말을 모는 스타일이 전혀 다릅니다. 메살라는 긴 말채찍을 가지고 있어서 계속 마차를 끄는 흑마를 내려치지만 벤허는 채찍을 가지고 있지 않았습니다. 메살라는 벤허를 앞지르기 위해 계속 채찍으로 말을 치지만 간격은 좁혀지지 않습니다. 말의 입장에서 생각해 보면 빨리 달려도 맞고, 천천히 달려도 맞으니 힘들게 뛸 필요가 없는 것이죠. 벤허는 백마와 혼연일체가 되어 한 마음 한뜻으로 전력을 다하여 결국 승리합니다. 특히 벤허는 경기 전날 밤 네 마리의 말을 한 마리씩 어루만져 주면서 사랑을 베풀고 용기를 북돋아줍니다. 충고보다 격려의 말과 행동이 사람을 더욱 움직일 수 있습니다. 여러분은 주변 사람들에게 칭찬과 격려의 말을 많이 하십니까? 충고나 질책의 말을 많이 하십니까?

(3) 다름은 틀림이 아니다

'나귀가 걷기 시작하였을 때 동이의 채찍은 왼손에 있었다.'

장돌뱅이 허생원의 애환을 담은 이효석의 단편소설 〈메밀꽃 필 무렵〉에 나오는 말입니다. 허생원은 젊은 장돌뱅이 동이를 만나 이야기를 나누고 그의 행동을 보면서 자신의 아들로 확신하게 되는데요. 허생원도 왼손잡이, 동이도 왼손잡이였기 때문입니다.

이처럼 왼손잡이는 흔치 않습니다. 현재 전 세계적으로 왼손잡이 비율은 10% 정도이고 특히 아랍권 국가에서는 왼손 사용을 금기시해서 왼손잡이가 1% 미만에 불과하다고 합니다. 옛날부터 왼손을 주로 사용하는 사람들은 오른손잡이와 다르다는 이유로 편견과 차별의 대상이 되었습니다.

고대 로마에서는 왼손을 쓰는 사람은 '무기를 숨겼을지도 모를 믿지 못할 인간'이라는 편견이 있었고, 중세 유럽에서는 왼손잡이를 악마에게 재능을 받은 것으로 의심하기도 했습니다. 현재도 인도와 사우디아라비아에서는 악수할 때 왼손을 쓰면 예의에 어긋난 일이라며 금기시되고 있습니다. 영국의 왕 조지 6세의 실화를 바탕으로 한 영화 〈킹스 스피치〉에서도 조지 6세가 왼손잡이로 태어났지만, 왕실의 격식에 따라 오른손잡이로 교정하는 이야기가 나옵니다.

하지만 왼손잡이에 대한 연구가 진행되면서 편견이 사라지기 시작했고 역사상 위대한 인물 가운데 왼손잡이가 많다는 사실도 밝혀냈는데요. 피카소Picasso, 레오나르도 다빈치Leonardo da Vinci, 미켈란젤로Michelangelo 같은 예술가를 포함해 버락 오바마, 빌 게

이츠, 이승엽, 제임스 카메론James Cameron처럼 우리와 동시대 인물도 많습니다. 특히 왼손을 주로 사용하는 사람들은 우뇌 활동이 활발해 감성과 상상력이 풍부하다고 합니다.

이제 왼손잡이에 대한 인식이 달라지기는 했지만, 아직도 왼손잡이는 예절에 어긋난다는 이유로 교정하려고 하거나 이상하게 보는 시선이 있습니다. 사람은 왼손잡이도 오른손잡이도 될 수 있듯이 상대방을 있는 그대로 인정하고 존중하려고 노력이 필요합니다. 존중은 저마다 삶의 배경과 가치관이 다름을 긍정하는 것입니다. 존중은 자신의 것을 강요하지 않고 상대방의 선택과 결정을 인정하는 것입니다.

다름은 틀림이 아닙니다. 나와 다를 때 '당신은 틀림, 나는 옳음'으로 보는 데서 틀이 생겨납니다. 결국 그 틀은 자신을 가두게 되고 상대방을 있는 그대로 인정하지 못하게 되는 것입니다. 생김새가 모두 다르듯이 생각이나 성향도 다를 수밖에 없습니다. 상대방을 내 입맛에 맞게 바꿀 수는 없습니다. 상대방도 일시적으로 나에게 맞출 수는 있지만 본성은 곧 드러나기 때문입니다. 나와 다른 상대방의 생각과 관심사를 존중하기 위해 노력해 보면 어떨까요?

(4) 1:1 대화를 잘 하기 위한 다섯 가지 방법

영국의 한 일간지에서 영국 끝에서 런던까지 가는 가장 빠른 방법을 묻는 현상 공모를 낸 적이 있었습니다. 비행기, 기차, 도보 등 여러 가지 방법이 나왔지만 당선된 내용은 '좋은 동반자와 함께 가는 것'이었습니다. 좋은 사람과의 시간은 눈 깜짝할 사이에 시간이 흘러가기 때문입니다. 여러분은 최근 누군가와 시간 가는 줄 모르고 대화해 본 적이 있습니까? 저는 오늘 1:1 대화를 잘하기 위한 다섯 가지 방법을 말씀드리겠습니다.

첫째 '먼저 나를 열고 개방하라'입니다. 책에 나오는 것처럼 정답 같은 이야기만 하거나 대답을 나누는 사람과는 오랫동안 대화를 이어나가기 어렵습니다. 대화에서 솔직함은 최고의 무기입니다. 모든 것을 처음부터 다 오픈할 필요는 없지만 어떤 것을 좋아하고 싫어하는지 솔직하게 말하고 나누는 것이 상호대화의 시작입니다. 상대와 내가 공통점이 있다는 것을 알면 친밀감이 형성되고 스몰토크small talk가 시작될 수 있습니다. 혹시 새로운 사람과 이야기하는 것이 수줍어서 솔직한 이야기가 어렵다면 상대도 나만큼 수줍어한다는 사실을 기억하면 도움이 될 것입니다.

둘째 '비언어적 의사소통을 중요하게 생각하라'입니다. 사람은 표정과 몸짓으로도 의사 표현을 합니다. 드라마에서 소리가 들리지 않더라도 연기자들의 표정과 몸짓만으로 흐름을 파악할 수 있듯이, 해외여행에서 말이 통하지 않아도 몸짓만으로 의사소통이 가능하듯이 말입니다. 또한 말투와 억양에서도 그 사람의 감정과 정서가 나타납니다. 우리는 전화 통화를 할 때 상대방의 목소리와 억양만 듣고도 그 사람의 심리상태를 파악할 수 있습니다. 대화하면서 상대방의 말의 내용뿐 아니라 표정, 몸짓, 억양, 말투를 유심히 살피고 상대방의 말에 귀 기울이고 있음을 몸짓과 눈빛으로 표현해 주세요. 간혹 듣기 싫다는 느낌을 표정으로 나타내거나, 고개를 숙이고 휴대폰을 만지작거리는 상대방을 보면서 당혹스러움을 느낄 때가 있습니다.

셋째 '거울처럼 상대의 언어를 사용하라'입니다. 심리학에서는 이를 미러링mirroring이라고 부르는데요. 미러링은 있는 그대로 비춰주는 거울처럼 상대방의 말과 행동을 그대로 수용해주는 것을 말합니다. 내 나름대로 해석하거나 판단하지 말고 상대를 거울처럼 따라 하라는 것입니다. 강원국의 《대통령의 글쓰기》에 나오는 미러링의 사례를 한번 보겠습니다. '노무현 대통령은 2003년 7월 중국 칭화대학 학생들과 만난 자리에서 질문을 받자 '국민'이란 용어 대신 중국인들이 쓰는 '인민'이란 말을 썼다. 마샬 맥루한Marshall McLuhan이 말한 상대의 언어를 사용한 것이다.' 이처럼 상대의 언어를 사용해서 반응해주면 뜻이 왜곡되거나 과장되는 일이 없기 때문입니다.

넷째 '주어와 동사가 분명한 문장으로 말하기'입니다. '누가, 언제, 무엇을, 어떻게, 왜'를 고려하며 짧지만 완전한 문장으로 말하도록 합니다. 말끝을 흐리는 습관이 있으면 상대방에게 어눌하고 자신감이 부족한 사람으로 보이게 됩니다. 상대방이 알수 있도록 명확하고 쉬운 단어, 똑똑한 발음으로 정확하게 전달하도록 해야 합니다.

다섯 번째 안전거리 확보입니다. 처음부터 자신의 모든 면을 다 보여주려고 노력하지 않아도 좋습니다. 상대방에게 솔직함을 보여주고자 깊은 이야기까지 꺼내놓게 되면 상대방의 호기심은 줄어들고 부담감마저 느낄 수 있습니다. 다음 만남을 위해 조금씩 아껴두는 것이 필요합니다.

'성공적인 대화란 재치 있고 막힘없이 말을 한다기보다 말을 나누고 상대방이 재치 있는 말을 잘 꺼내도록 하는 것이다. 그런 대화는 상대방이 흐뭇해할 뿐더러 상대편 자신이 머리를 짜서 생각해낸 재치에 스스로 만족해하며 헤어졌을 때도 대화를 나눈 상대에 대하여 큰 호감을 가지기 때문이다.' 프랑스 작가 라 브뤼예르La Bruyère의 말이야말로 대화에 대한 해답이 아닐까 생각해 보았습니다.

대인관계에서도 성공한 체험을 분명하게 자신 속에 남겨두면 그것은 다음 성공으로 이어집니다. 만남에서 어떤 부분이 나빴는지를 반성하기보다 어떤 점이 좋았는가에 집중해 보시기 바랍니다.

(5) 다른 사람을 설득하고 싶다면

안녕하십니까? 저는 오늘 설득화법에 대해 이야기를 해보려고 합니다. 설득은 상대방이 내 이야기에 귀를 기울이는 분위기를 유도하고 알아듣기 쉬운 말과 태도로 설명하여 이해하도록 한 다음, 상대방의 입장을 충분히 이해한다는 공감을 얻어내는 것이라 할 수 있습니다. 설득의 기술이야말로 화법의 꽃이라 할 수 있으며 고대 그리스 시대부터 많은 소피스트가 사람을 설득하는 기술을 찾기 위해 노력했습니다.

특히 아리스토텔레스는 《수사학》에서 사람들을 설득하기 위해서는 설득의 3요소인 에토스, 파토스, 로고스가 필요하다고 하였고 이는 신뢰(에토스), 공감(파토스), 설명(로고스)입니다.

사람을 설득하기 위한 첫 번째 단계는 에토스, 즉 신뢰 관계를 형성하는 것입니다. 에토스란 말하는 사람의 인품이나 신뢰감 등을 설득의 근거로 제시하는 것을 말합니다. 말하는 사람의 품성이 듣는 사람에게 믿음을 줄 때 사람들은 그가 말하는 내용을 쉽게 믿는 경향이 있다는 것입니다. 매년 여행을 함께 떠나고 싶은 스타는 누구인가에 대한 설문조사를 할 때 빠지지 않고 나오는 인물이 바로 MC 유재석입니다.

유재석은 무엇이든 해줄 것 같은 착한 이미지 덕분에 함께 여행 가고 싶은 연예인으로 선정되고 있습니다. 유재석이 돈을 빌려달라고 한다면? 그의 이미지를 믿고 빌려주는 사람이 많을 것입니다. 이렇듯 사람을 설득하기 위해서는 그 사람의 호감을 얻는 것이 제일 중요하고 호감을 얻기 위해서는 먼저 관계를 형성해야 합니다.

관계 형성에 대한 노하우를 소프트뱅크의 손정의 회장에게 배워볼까요? 손정의는 사람의 호감을 사는 방법으로 '잉어잡이 마상'을 말한 바 있습니다. 잉어를 맨손으로 잡는 잉어 장인에게 배운 비법으로, 추운 겨울날 몸을 따뜻하게 데운 뒤 조용히 강물 속으로 들어갑니다. 강물 속은 겨울잠을 자는 잉어들이 제자리에서 움직이지 않고 가만히 있습니다. 잉어를 발견해 손을 내밀면 그 잉어는 인간의 체온을 느껴 조금이라도 따뜻한 곳으로 이동하려는 본능에 따라 그의 손안으로 거짓말처럼 빨려 들어간다는 것입니다. '잉어잡이 마상'처럼 상대방이 경계하지 않도록 자연스럽게 부드러운 환경을 구축하는 것이 핵심이며 애플에게도 이 방법을 구사해 아이폰의 일본 국내 독점판매권을 얻게 되었습니다.

누군가를 설득하고 싶다면 '급할수록 돌아가라'는 말을 떠올리기 바랍니다. 급한 마음에 설득하려는 마음이 앞서게 되고 조급하고 직설적인 언행으로 일을 그르칠 수 있습니다. 한 번에 끝내겠다고 생각하지 말고 여러 번 만나면서 자연스러운 관계를 형성하는 것이 선행되어야 합니다.

두 번째 설득의 조건은 파토스, 즉 감성을 자극하는 것입니다. 감성을 자극하기 위해서는 이미지뇌라 불리는 우뇌를 자극해야 합니다. 우뇌는 시청각적 요소에 크게 영향을 받기 때문에 시선 처리와 목소리, 자세, 태도에 더 빠른 판단과 자극을 받게 되는 것입니다. 따라서 사람을 설득하기 위해서는 시선 처리와 목소리, 자세와 태도 같은 시청각적 요소의 중요성을 인식해야 합니다.

먼저 경우에 따라서는 시선을 피하는 것이 필요합니다. 긍정적인 주제로 이야기를 나눌 때는 눈을 마주치는 것이 좋습니다. 동의와 긍정의 생각을 시선으로 보낼 수 있기 때문입니다. 이때 눈만 뚫어지게 응시하기보다는 눈과 미간, 인중을 번갈아 가면서 바라보면 시선 처리가 한결 수월합니다. 반면 협상이나 설득을 해야 하는 주제로 토론을 하게 되면 서로 다른 생각과 주장을 펼치게 되는데 이때는 의식적으로 살짝 시선을 피하는 것이 좋습니다. 시선을 마주 보고 있으면 자신의 눈 속에 담긴 생각을 상대방이 읽을 수 있고 부정적인 의사가 전달될 수 있습니다. 상대방의 의견을 잘 듣고 있다는 리액션을 유지하되 시선을 살짝 아래로 내리면서 생각을 정리하고 반박할 시간을 벌어야 합니다.

다음으로는 목소리의 톤을 낮추고 천천히 말하도록 노력합니다. 감정적으로 흥분하게 되면 목소리 톤이 높아지고 말의 속도가 빨라집니다. 이러한 목소리는 상대방의 감정을 격양되게 만들며 부정적인 반응을 불러일으킬 수 있습니다. 상대방을 설득할 때에는 머릿속으로 해야 할 말을 정리해둔 다음 차분한 어조로 천천히 말을 이어가는 것이 좋습니다.

마지막으로 열린 자세를 취해야 합니다. 행동은 백 마디 말보다 많은 이야기를 합니다. 트럼프 미국 대통령은 이야기할 때 팔짱을 자주 끼는 모습을 연출합니다. 신체언어 전문가들은 트럼프의 행동을 부정적이고 방어적인 몸짓을 일부러 보여주는 의도적인 것으로 해석하는데 상대의 지적에 대해 저항하고 방어하는 몸짓이라는 것입니다. 팔짱은 자신의 마음을 닫고 상대방을 경계하겠다는 의미이기 때문에 보여서는 안 되는 자세입니다. 또 다리를 꼬거나 비스듬한 자세로 앉는 것 역시 상대방을 경계하거나 무시한다는 태도입니다. 이런 자세를 '닫힌 자세'라고 합니다. 다른 사람과 대화할 때에는 열린 자세를 취해야 합니다. 열린 자세일 때는 팔이 벌어져 손바닥이 노출되고 가슴을 펴는 동시에 상대방을 향해 몸을 열고 있게 됩니다. 팔을 옆으로 늘어뜨리는 것 역시 솔직하게 마음을 열고 상대방의 접근을 허용하는 열린 자세라고 볼 수 있습니다. 열린 자세는 상대를 향해 마음을 열겠다는 신호입니다.

세 번째 설득의 조건은 로고스, 즉 믿을 만한 증거를 제시하는 것입니다. 로고스란 말 자체에 논리적 근거를 제시하여 설명하는 것을 말합니다. 무조건 안 된다는 감정적인 대응이 아닌, 이유와 근거, 대안이 있는 합리적인 대안이라면 상대방을 이성적으로 납득시킬 수 있습니다. 논리적으로 설득하기 위한 증거의 법칙 세 가지를 제시해보겠습니다. 첫째 예증, 예를 들어 말하는 것입니다. 유재석의 예시를 통해 에토스를 쉽게 이해한 것처럼, 트럼프의 자세를 통해 자세의 중요성을 알게 된 것처럼 적절한 예시와 비유는 상대방을 설득하기 위한 중요한 요건입니다. 예시와 비유를 사용하기 위해서는 평소 다양한 상황과 정보에 눈과 귀를 기울여야 합니다.

둘째 증언, 전문가의 말을 인용하는 것입니다. 사람들은 신문이나 잡지 서평에서 권위 있는 사람이 추천하는 책은 좋은 책이라는 생각을 하게 됩니다. 이것은 일종의 착각으로 우리는 추천된 책과 추천자의 권위를 무의식적으로 동일하게 되고 이러한 심리적 효과는 절대적인 힘을 가집니다. 그러므로 설득에 뛰어난 사람은 권위 있는 사람의 말이나 전문가의 말을 인용하여 자신의 말을 정당화시킬 수 있습니다.

셋째 통계, 수치로 입증하는 것입니다. 주장하는 내용에 맞는 수치와 숫자를 증거로 제시하는 것입니다. 특히 직장 상사들이 가장 신뢰하는 부분이 통계와 수치의 인용입니다. 통계와 수치는 정량화되어 있고 결과로 말할 수 있기 때문에 설득의 주요 요소로 활용되고 있습니다.

마지막으로 상대를 설득하기 위해서는 'yes but' 화법을 기억하세요. 상대의 주장을 먼저 부정한 다음 그 이유를 조목조목 밝히는 'no because' 화법은 좋은 화법이 아닙니다. 우선 상대의 감정을 상하게 하는 데다 다른 사람의 의견은 전혀 고려하지 않고 자기의 주장만을 내세우는 독선적이고 비합리적인 사람이라는 인상을 줄 수 있습니다. 'yes but' 화법은 상대의 주장을 충분히 이해하고 어느 정도 동조하지만 그래도 자기의 주장이 옳다는 것을 보여주기 때문에 민주적이고 합리적인 사람이라는 인상을 줍니다. "그건 아니죠"라고 반박하는 사람과 이야기를 나누고 싶어 하는 사람은 없을 것입니다.

"그건 인정합니다", "네, 그 부분은 저도 그렇게 생각합니다. 하지만 저는 이 부분에 대해서는 생각이 조금 다른데요"라는 식의 상대방 의견을 먼저 동의한 후 나의 의견을 제시하는 것이 좋습니다. 이 부분에서는 타이밍에 신경을 써야 합니다. 내 의견을 빨리 꺼내고 싶어 성급히 동의한 후 내 의견을 제시한다면 상대는 본인의 말이 끊겼다는 생각에 감정이 상할 수 있습니다. 상대의 말이 온전히 끝날 때가지 기다린 후 나의 의견을 개진해야 상대의 동의를 얻을 수 있습니다.

'본질은 단순하지만 현상은 복잡하다'라는 아리스토텔레스의 말이 있습니다. 겉으로 드러난 현상을 걷어내고 숨은 본질을 파악해야 한다는 것입니다. 상대방을 설득하기 위해서는 겉으로 드러난 현상만을 해결하는 것이 아니라, 그렇게 생각하는 이유, 상대의 주장을 뒷받침하는 근거, 이해관계를 살펴보아야 합니다. 그래야 감정적인 반대인지, 합리적인 반대인지를 간파해 대처방안을 모색할 수 있습니다. 그래서 설득을 잘하는 사람은 자신의 말을 줄이고 상대방의 말을 경청해 의중을 간파할 시간을 버는 사람이라고 할 수 있습니다. 여러분도 사람의 마음을 얻을 수 있는 설득의 방법을 훈련해 보시면 어떨까요?

(6) 어색한 상대와 대화를 이어가는 소통의 기술

누군가와 처음 만났을 때, 혹은 가깝지 않은 사람과 대화할 때 한번쯤은 어려움을 느껴보셨을 것입니다. 그렇다면 어색한 분위기를 어떻게 깨야 할까요? 고민도 많이 해보셨을 텐데요. 상대방과 나이, 성별, 환경이 다르기 때문에 공통점을 찾고 호의적인 분위기로 바꾸기는 상당히 어렵습니다.

특히 내향성이 강하거나 인간관계에 소극적인 사람들은 새로운 사람과의 만남을 두려워하거나 목적 없는 대화를 달가워하지 않는 경향이 있습니다. "낯선 사람이랑 무슨 이야기를 해야 할지 모르겠어요", "왜 그런 비생산적인 일을 해야 하나요?"라며 이야기하곤 하죠. 하지만 사회생활을 하다 보면 다양한 사람들을 만나게 되고 그들로 인해 뜻하지 않은 도움과 정보를 얻기도 합니다. '가장 큰 정보는 무심코 주고받는 대화 속에 있다'는 인텔의 명예회장 앤디 그로브Andy Grove의 말처럼 가벼운 잡담과 대화에서 중요한 정보가 흘러나올 때가 있습니다. 그래서 때로는 가볍고 목적 없는 대화도 필요합니다.

　그렇다면 어떻게 대화의 물꼬를 틀 수 있을까요? 유머 감각이 없다고 해도, 말수가 적다고 해도 걱정할 필요는 없습니다. 몇 가지 법칙과 방법을 알면 충분히 이야기를 이어나갈 수 있는데요. 지금부터 함께 알아보겠습니다.

　1단계는 상대방에 대한 사전 준비입니다. 먼저 약속이 정해져 있는 경우라면 누구를 만나서 무엇을 할 것인지를 확실하게 알아두어야 합니다. 상대방의 관심사, 배경, 취향, 대화의 목적 등을 분석해 어떠한 화젯거리로 무슨 대화를 나눌지 생각하고 준비하는 것입니다.

　우연히 만나게 된 경우라면 관찰을 통해 상대방을 파악합니다. 상대의 옷차림, 헤어스타일, 표정, 대화 스타일, 말투 등을 유심히 관찰하고 어떤 톤과 매너로 대화할지를 결정해야 합니다. 사전 준비를 많이 하면 대화가 순조롭게 이어질 가능성이 높습니다.

　2단계는 칭찬과 질문의 기술입니다. 관찰을 통해 얻은 정보로 가벼운 칭찬과 질문을 하는 것입니다. 먼저 칭찬의 방법으로는 눈에 보이는 것부터 칭찬하는 것인데요. "사장님, 넥타이 매신 모습에서 친근함이 느껴지네요.", "아이스커피 좋아하시나

봐요" 등 가벼운 칭찬이나 상대방에 대한 관심 표명도 상대방의 기분을 좋게 만들 수 있습니다. 또 가벼운 선물을 준비하는 것도 분위기 전환에 도움이 되는데요. 쿠키나 마카롱, 커피, 와인 같은 먹거리나 디퓨저, 비누와 같은 아이템도 부드러운 분위기를 만드는 선물이 될 수 있습니다.

다음은 질문의 기술입니다. 처음 만난 상대에게 "미중 무역전쟁에 대해 어떻게 생각하세요?", "요즘 정치에 대해 어떻게 생각하세요?" 이런 질문을 하기는 어렵습니다. "요즘 날씨가 변덕스럽네요. 일교차가 너무 심하죠?", 혹은 만나는 곳이 카페였다면 "커피 좋아하세요?", 아이폰을 쓰는 상대방을 만났다면 아이폰의 장점에 대해서 이야기하는 등 눈에 보이는 것부터 질문의 소재로 삼는 것이 좋습니다. 그렇다면 어떻게 질문으로 상대의 말을 이끌어낼 수 있을까요?

첫째, 상대가 알기 쉬운 일반적인 문제를 묻는 것입니다. 취미, 여가활동, 여행기, 음악, 반려동물 등 일반적인 관심사를 물으며 공통점을 찾을 수 있습니다. 둘째, 상대의 자랑거리를 묻는 것입니다. 상대방의 일, 성과, 업적에 대해 이야기하면 좋습니다. 만약 상대방의 전문성이나 관심사에 대해 배울 점이 있거나 궁금했던 점이 있으면 도움을 요청할 수도 있습니다. 예를 들어 상대방이 변호사인 경우 연관된 질문을 할 수도 있고 호기심에 질문을 할 수도 있습니다. 상대방은 자신의 전문성이나 상대방을 도와줄 수 있다는 점에 기분이 좋아져 대화가 자연스럽게 이어지게 됩니다.

셋째, 손해냐 이익이냐 하는 문제를 묻는 것입니다. 영업직이나 관리자, 상사들은 일이 잘될 경우와 잘못될 경우의 최대 이익(손실), 최소 이익(손실), 혹은 제2, 제3의 대안을 준비하고 일을 시작하는 경우가 많습니다. 이러한 부분에 대해 미래지향적으로 가정을 하면서 질문하면 반응이 좋습니다. 특히 손실보다 이익을 상상할 수 있는 질문으로 들어가는 것이 상대방의 흥을 더욱 돋을 수 있습니다.

3단계는 화젯거리를 찾는 것입니다. 꼬리에 꼬리를 물고 대화가 계속 이어질 수 있도록 공통의 관심사를 찾아야 합니다. 예를 들어 업무환경이라면 업계 동향, 회사에 최근 일어났던 핫한 이슈, 아니면 공통의 친구나 지인에 대해 얘기하면 굉장히 효과적입니다. 또 스포츠와 운동을 좋아하는 사람들은 자신만의 노하우를 알려주거나 정보에 대해 공유하는 것을 즐기는 편입니다.

다른 주제는 미디어가 있는데요. 최근에 화제가 된 연예인이

나 드라마, 책, 베스트셀러, 상대방이 좋아하는 가수나 미디어에 대해 이야기를 나누는 것입니다. 거주지, 가족, 형제자매에 대한 화제도 좋은 대화거리가 될 수 있습니다. 예를 들어 현재 사는 지역이나 중심 지역에 대해 대화할 수 있고, 상대방에게 자녀가 있거나 형제가 있으면 자연스럽게 대화가 이어지는 경험, 많이 해보셨을 것입니다.

그리고 이 모든 게 하나도 안 통할 경우 동원할 수 있는 마지막 수단은 바로 음식입니다. 회사나 거주지 주변, 좋아하는 음식을 잘하는 맛집 등에 대해 이야기를 하게 되면 분위기가 화기애애해집니다. 거의 모든 사람이 먹는 것에 관심이 있기 때문입니다.

4단계는 대화를 나눌 때 너무 심각해질 필요는 없다는 것입니다. 사적인 대화에서도 다른 사람을 설득하려고 하거나 남의 말을 듣지 않고 자신의 입장만을 강하게 밝히는 사람이 있습니다. 대화는 회의나 토론처럼 목적이 있는 것이 아니므로 꼭 결론을 내릴 필요가 없습니다. 또 상대방의 정보와 경험에서 다소 틀린 부분이 있더라도 정정하거나 고칠 필요는 없습니다.

상대방이 편안하게 이야기를 지속할 수 있도록 만들어주는 현명함이 필요합니다. 피드백을 할 때는 '나는 심판이 아니다'라고 생각하고 상대방의 생각을 인정해주시기 바랍니다. 상대방이 나와 생각이 다른 경우에는 반박하기보다 "그럴 수도 있겠네요", "오 그래요?"라며 상황을 중립적으로 받아들이는 것이 필요합니다. 서로 편안한 분위기에서 탁구처럼 대화가 계속 이어진다면 다음에 또 기분 좋은 만남을 기대할 수 있을 것입니다.

2단계

1분 스피치로
핵심 전달 말하기

논리적인
말하기의 시작

'버려진 섬마다 꽃이 피었다'

한국문학에서 가장 인상 깊은 첫 문장으로 꼽히는 김훈 작가
의《칼의 노래》의 시작이다.

처음에는 '버려진 섬마다 꽃은 피었다'라고 썼다가

며칠 후 '버려진 섬마다 꽃이 피었다'라고 수정했는데

'꽃이 피었다'는 꽃이 피었다는 사실의 세계를 진술한 언어이고

'꽃은 피었다'는 의견과 정서의 세계를 진술한 언어라는 것이
라는 것이 그의 설명이다.

이렇게 조사 하나 차이에도 느낌의 변화를 읽어내는 김 작가

는 어떤 책을 주로 볼까?

과거 인터뷰에서 "김훈 작가의 방에는 어떠한 책들이 있나요?"라는 질문에 그는 이렇게 대답했다. "제 방에는 공구서만 있습니다. 말 그대로 제 작품 생산의 도구가 되는 책들입니다." 김훈 작가의 방에는 국어사전, 영어사전, 한자사전이 있다고 한다. 사전과 집필활동은 어떠한 연관이 있을까? 우선 다양한 단어와 표현력, 상상력을 키울 수 있다는 점이다.

향상, 습득, 배양, 상승과 같이 비슷하지만 느낌이 살짝 다른 단어부터 기쁘다, 흐뭇하다, 행복하다, 흡족하다처럼 다양한 형용사를 통해 나의 기분을 다르게 표현하고 머릿속으로 그려볼 수 있다. 또한 사전에는 개념과 설명, 예시까지 들어있어서 논리적인 말하기의 토대가 된다.

말하기를 잘 하는 사람들도 사전처럼 명확하게 말하는 경향이 있다. 말을 잘 하는 사람들의 첫 번째 특징은 정확하고 간결한 명사와 표현을 통해 본인의 뜻을 전달하는 것이다. 뉴스에 나오는 전문가들의 인터뷰를 보면 간결하고 절제된 명사로 핵심을 전달하는 사람들이 많다. 형용사로 길게 설명하지 않아도 명사 하나로 모든 것이 설명되는 경우이다. 《행복한 청소부Der Schilderputzer》의 작가 모니카 페트Monika Feth는 "말은 글로 쓰인 음악이다"라고 했다. 또한 "인생은 가까이서 보면 비극이지만 멀리서 보면 희극이다"라는 찰리 채플린Charles Chaplin의 말을 듣고 고개가 끄덕여지는 것을 보면 쉽게 이해할 수 있다.

두 번째로는 적절한 비유의 활용이다. 몽골제국을 건설한 칭기즈칸은 리더의 첫 번째 덕목으로 자기 절제력을 꼽으며 이렇게 이야기했다. "자만심을 누르는 것은 들판의 사자를 이기는 것보다 어려우며 분노를 이기는 것은 힘쎈 씨름꾼을 이기는 것보다 더 힘들다." 자기절제가 얼마나 어려운 덕목인지 쉽게 유추할 수 있다.

마지막으로 예를 들어 말하는 것도 말하기의 달인들이 자주 사용하는 방법이다. SBS 〈집사부일체〉에 출연했던 역사 강사 설민석이 자신만의 암기법을 소개하며 '미미광어'를 예시로 들은 적이 있다. '미-미-광-어'를 종이에 적은 후 "신미양요는 미국과의 전쟁으로, 광성진에서 어재연 장군이 싸웠다"는 약자라고 설명한 것이다. 많은 내용이 나오는 사건이지만 쉽게 외울 수 있을 것 같은 암기법이다.

논리적인 말하기의 시작은 핵심 전달이다. 핵심을 명확하게 말하기 위해서는 중심 내용을 한 문장으로 짧게 바꿔보는 연습이 효과적이다. 1분 스피치 훈련을 통해 깔끔하게 나의 의견을 개진하는 연습을 해 보자. 이때 활용하면 좋은 것이 바로 프렙 기법이다. 프렙PREP: Point Reason Example Point은 주장을 전달한 후 이유와 사례를 들어 자신의 주장을 펴는 방법이다. 이는 논리적이고 설득력 있는 말하기의 가장 기본이라고 할 수 있다. 핵심이 가장 먼저 나오기 때문에 듣는 사람의 이해를 돕고 설득력을 높일 수 있다.

생각 말하기
프렙 기법

　1분 스피치) 인생은 OOO와 같다. 왜냐하면 OO이기 때문이다. 예를 들어~

　예시) 체스는 사람의 인생과 비슷하다. 시간이 걸리더라도 참을성 있게 생각한 다음에 말을 옮겨야 이길 수 있다. 예를 들어 체스의 말은 한번 움직이면 다시 되돌릴 수가 없다. 인생도 지나간 일은 되돌릴 수가 없다. - 조지프 퓰리처 Joseph Pulitzer

　1분 스피치) 대화를 잘하기 위해서는 OO가 필요하다. 왜냐하면 OO이기 때문이다. 예를 들어~

　예시) 대화를 잘하기 위해서는 열린 마음이 필요하다. 왜냐하면 내가 먼저 마음을 열지 않으면 상대방도 마음을 열지 않기 때문이다. 예를 들어 다른 사람과 이야기를 나눌 때 마음을 열고 남의 이야기를 잘 들어주면 다른 사람도 나의 이야기를 잘 들어주어 편안해지고 기분이 좋아진다.

1분 스피치) 내가 함께 일하고 싶은 사람은 OOO 한 사람이다. 왜냐하면 OO이기 때문이다. 예를 들어~

예시) 내가 함께 일하고 싶은 사람은 주인의식을 가지고 있는 사람이다. 주인의식을 가지고 있는 사람은 솔선수범해서 일하기 때문에 주위 사람의 기분도 좋게 만들기 때문이다. 예를 들어 주인의식이 있는 사람은 시키지 않아도 스스로 할 일을 찾아서 하게 된다. 그런 모습을 보게 되면 나도 할 일이 없나 생각해 보게 된다.

찬반 말하기
프렙 기법

1. 선의의 거짓말은 필요하다. (찬/반)

○ Point

저는 '선의의 거짓말은 필요하다'에 대해 찬성을 합니다.

○ Reason

왜냐하면 선의에 거짓말은 상대방을 배려하는 마음이기 때문입니다.

○ Example

예를 들어 제가 친척 집에 방문을 했는데 막 점심이 끝나가는 중이었고, 친척 어르신께서 식사를 했느냐고 물어볼 경우, 밥을 안 먹었지만, 먹었다고 선의의 거짓말을 했습니다. 제가 점심을 안 했다고 말을 할 경우 어르신은 밥상을 다시 차려야 하는 불편함이 있기 때문입니다.

○ Point

따라서 선의의 거짓말은 결과적으로 상대방에 대해 보이지 않는 배려라고 생각합니다.

선의의 거짓말은 필요하다(찬/반)
저는 '선의의 거짓말은 필요하다.'에 대해 찬성/반대합니다.
왜냐하면
따라서 (결과적으로, 그래서)

2. 어린이집에 CCTV를 설치해야 한다. (찬/반)

○ Point

저는 어린이집에 CCTV를 설치하는 것에 반대합니다.

○ Reason

왜냐하면 어린이집 교사들도 인권이 있기 때문입니다. 교사들도 인권 차원에서 보호되어야 한다고 생각합니다.

○ Example

예를 들어 어린이집에 CCTV를 설치할 경우 교사들을 감시하는 도구로 사용될 우려가 있어, 교사들의 인권이 침해될 가능성이 높다고 생각합니다. 따라서 어린이집에

CCTV를 설치하기보다 채용 과정에서의 철저한 검증과 교사들의 복지 향상과 원장님의 교사에 대한 관심은 어린이들을 사랑으로 이끌어 CCTV가 없어도 되는 세상이 될 수 있습니다.

○ Point

따라서 저는 어린이집에 CCTV를 설치하는 것을 반대합니다.

어린이집에 CCTV를 설치해야 한다. (찬/반)
저는 '어린이집에 CCTV를 설치해야 한다'에 대해 찬성/반대합니다.
왜냐하면
따라서 (결과적으로, 그래서)

---

3. 칭찬은 많이 할수록 좋다. (찬/반)

○ Point

저는 '칭찬은 많이 할수록 좋다'에 대해 찬성합니다.

○ Reason

왜냐하면 칭찬은 고래도 춤을 추게 한다고 합니다. 불가능을 가능으로 만드는 최고의 선물이기 때문입니다.

○ Example

저의 딸아이한테 책을 읽는 것을 칭찬을 해주었더니, 책을 보지 않던 딸아이에서 책을 읽는 모습을 발견하고 무척 흐뭇했습니다. 이렇듯 칭찬은 딸아이의 습관을 바꾸게 하는 힘이 되었다는 사실을 알게 되었지만, 무엇보다도 중요한 사실은 부모가 행동으로 보여주는 것이 더 큰 교육 효과가 있다는 사실입니다.

○ Point

따라서 저는 '칭찬은 많이 할수록 좋다'에 대해 찬성합니다.

칭찬은 많이 할수록 좋다(찬/반)
저는 '칭찬은 많이 할수록 좋다'에 대해 찬성/반대합니다.
왜냐하면
따라서 (결과적으로, 그래서)

---

4. 직업은 좋아하는 일보다 잘하는 일을 선택해야 한다. (찬/반)

○ Point

저는 '직업은 좋아하는 일보다 잘하는 일을 선택해야 한다'에 반대합니다.

○ Reason

왜냐하면 좋아하는 일은 싫증이 나지 않지만, 잘하는 일은 반복되다 보면 싫증으로 나태해지기 때문입니다.

○ Example

저의 경우는 다양한 업무를 접하게 됩니다. 저의 경험상 좋아하는 일은 반복되는 업무를 해도 싫증이 나지 않지만, 잘하는 업무는 자주 싫증나고 나태해지는 경향이 있었습니다. 전문가라면 물론 잘하는 업무가 되어야 하지만 저의 경우는 다양한 업무를 접하다 보니 좋아하는 일을 하는 것이 중요하다고 생각합니다.

○ Point

따라서 '직업은 좋아하는 일보다 잘하는 일을 선택해야 한다'에 반대합니다.

> **직업은 좋아하는 일보다 잘하는 일을 선택해야 한다. (찬/반)**
> 저는 '직업은 좋아하는 일보다 잘하는 일을 선택해야 한다'에 찬성/반대합니다.
> 왜냐하면
> 따라서 (결과적으로, 그래서)

5. 일 잘하는 사람은 말 잘하는 사람을 이길 수 없다. (찬/반)

○ Point

저는 '일 잘하는 사람은 말 잘하는 사람을 이길 수 없다'에 찬성합니다.

○ Reason

왜냐하면 일 잘하는 사람은 대부분 서류를 잘 꾸미는 것에 익숙해 있고, 말을 잘하는 사람은 상대방을 설득시킬 수 있는 무기인 설득력을 가지고 있기 때문입니다.

○ Example

저의 직장을 보더라도 대부분 일 잘하는 사람들은 계획서를 잘 만드는 사람들로, 계획서를 잘 만드는 사람들은 말 잘하는 사람보다 설득력이 부족한 경우를 많이 보았습니다. 예전에는 계획서를 잘 만드는 사람이 일을 잘한다고 했지만, 현재는 말 잘하는 사람이 일도 잘하는 트렌드로 변해가고 있습니다. 즉, 말을 잘하는 사람이 상대방을 설득시키는 힘이 있다는 내용입니다.

○ Point

따라서 저는 '일 잘하는 사람은 말 잘하는 사람을 이길 수 없다'에 찬성합니다.

일 잘하는 사람은 말 잘하는 사람을 이길 수 없다. (찬/반)
저는 '일 잘하는 사람은 말 잘하는 사람을 이길 수 없다'에 찬성/반대합니다.
왜냐하면
따라서 (결과적으로, 그래서)

---

6. 커피숍에서 2시간 있는 것은 옳지 않다. (찬/반)

○ Point

저는 '커피숍에서 2시간 있는 것은 옳지 않다'에 반대합니다.

○ Reason

왜냐하면 커피숍에서 2시간 이상 있는 것은 커피숍의 영업 이 잘 되느냐, 안 되느냐의 상황에 따라 다르기 때문입니다.

○ Example, Evidence

예로써 회전이 잘되는 커피숍의 경우는 장시간 앉아 있는 것이 실례지만, 영업이 잘 안 되는 커피숍의 경우 손님들이 찾아오기 위해서는 2시간 동안 앉아 있는 것도 고객을 불러들이는 효과를 볼 수 있어 도움이 된다고 생각합니다.

○ Point

따라서 저는 '커피숍에서 2시간 있는 것은 옳지 않다'에 반대합니다.

커피숍에서 2시간 있는 것은 옳지 않다. (찬/반)
저는 '커피숍에서 2시간 있는 것은 옳지 않다'에 찬성/반대합니다.
왜냐하면
따라서 (결과적으로, 그래서)

7. 가족의 종교는 하나로 통일되어야 한다. (찬/반)

○ Point

저는 '가족의 종교는 하나로 통일되어야 한다'에 반대합니다.

○ Reason

사람마다 개성이 있고 인격이 있기 때문에 추구하는 종교도 다르다고 생각합니다. 그 때문에 가족의 종교는 하나로 통일되어야 한다는 것에 반대합니다.

○ Example, Evidence

예로써 저의 집의 경우 형과 형수는 기독교이고, 저의 아내는 불교 집안에서 자랐으나 결혼 후 기독교 집안에서 생활하지만, 부모님 제사에는 기독교식으로 추도 예배에 참석하여 이해를 해주기 때문에 아무런 문제가 없습니다. 종교를 하나로 통일한다는 것이 가족의 화합을 위해 좋을 수 있으나, 가족 구성원이 추구하는 이상과 가치를 제약해서는 안 된다고 생각합니다.

○ Point

따라서 '가족의 종교는 하나로 통일되어야 한다'에 반대합니다.

> **가족의 종교는 하나로 통일되어야 한다. (찬/반)**
> 저는 '가족의 종교는 하나로 통일되어야 한다'에 찬성/반대합니다.
> 왜냐하면
> 따라서 (결과적으로, 그래서)

8. 초등학교에서 한자 교육을 해야 한다. (찬/반)

○ Point

저는 '초등학교에서 한자 교육을 해야 합니다'에 찬성합니다.

○ Reason

왜냐하면 우리말에는 한자음을 빌려다 쓴 말들이 많기 때문에 초등학생들이 이해하지 못해 질문하는 한자어 단어 구성이 많아 초등학교에서도 한자 교육이 필요하다고 생각합니다.

○ Example, Evidence

한자 문화권인 일본도 초등학교에서 일본어와 한자를 병행 사용하고 있습니다. 예로써 초등학생인 저의 딸이 6학년으로 한자음을 빌려다 쓴 단어를 잘 이해하지 못해 질문하는 경우를 보고 기본적인 한자를 배우는 것이 필요하다고 생각하며, 영재발굴단에 나오는 초등학생이 어휘력이 뛰어났던 밑바탕에는 한자를 많이 알고 있었기 때문입니다.

○ Point

따라서 초등학교에서 한자 교육을 하는 것에 찬성합니다.

> **초등학교에서 한자 교육을 해야 한다. (찬/반)**
> 저는 '초등학교에서 한자 교육을 해야 합니다'에 찬성/반대합니다.
> 왜냐하면
> 따라서 (결과적으로, 그래서)

9. 인공지능은 인간의 삶을 더욱 윤택하게 만든다. (찬/반)

○ Point

저는 '인공지능은 인간의 삶을 더욱 윤택하게 만든다'에 찬성합니다.

○ Reason

왜냐하면 인공지능은 인간의 힘으로는 해결하기 힘든 많은 부분에서 인간을 대신해주기 때문에 인공지능은 앞으로 필요한 존재입니다.

○ Example, Evidence

예로써 고령사회에서 고령자를 돌보는 각종 의학적인 부분이나, 군부대의 폭발물 제거 등 다양한 분야에서 힘들고 위험한 부분들을 대신할 수 있어 인간의 삶과 안전을 보장해준다고 생각합니다.

○ Point

따라서 '인공지능은 인간의 삶을 더욱 윤택하게 만든다'에 찬성합니다.

> **인공지능은 인간의 삶을 더욱 윤택하게 만든다. (찬/반)**
> 저는 '인공지능은 인간의 삶을 더욱 윤택하게 만든다'에 찬성/반대합니다.
> 왜냐하면
> 따라서 (결과적으로, 그래서)

10. 남녀공학이 교육에 좋다 (찬/반)

○ Point

저는 '남녀공학이 교육에 좋다'에 찬성합니다.

○ Reason

남녀공학의 목적은 남녀가 평등한 입장에서 경쟁함으로써 보다 좋은 사회를 만들고 남존여비의 편견을 깰 수 있는 환경을 만들기 때문입니다.

○ Example

남녀공학의 장점으로는 여성의 사회적 지위 향상, 학교의 사회화와 인적 자원의 효율적인 활용이 있고, 단점으로는 남녀의 중성화와 성도덕의 문제 등이 있겠지만, 남녀공학은 세계적인 추세입니다.

○ Point

따라서 남녀공학은 남녀평등을 위한 사회화의 교육이기에
찬성합니다.

> **남녀공학이 교육에 좋다. (찬/반)**
> 저는 '남녀공학이 교육에 좋다'에 찬성/반대합니다.
> 왜냐하면
> 따라서 (결과적으로, 그래서)

11. 조기영어 교육은 모국어 습득에 방해가 된다. (찬/반)

○ Point

저는 '조기영어 교육은 모국어 습득에 방해가 된다'에 반대
합니다.

○ Reason

외국어 교육에 대한 연구 결과가 있는데요. 아동 언어학자
스노우 교수는 아기의 언어 습득의 결정적 시기는 6~7세
이전이며, 노암 촘스키Noam Chomsky 교수 또한 12세 이전에
외국어에 노출되고 아이가 후에 계속 공부를 하면 원주민
처럼 말할 수 있다고 말합니다.

○ Example

예를 들어 저는 SBS의 영재발굴단을 자주 보는데요. 초등학

교 이전의 나이에도 영어를 유창하게 하는 것을 보고 조기
영어교육을 공감하고 있습니다. 문제는 부모들의 조기교육
에 대한 과열이 문제라고 생각합니다. 저의 경우도 어릴 적
에 배운 영어가 아직도 기억에 남는 것은 사람에 따라 다르
겠지만 스펀지처럼 받아들이는 시기가 있기 때문입니다.

○ Point

따라서 '조기영어 교육은 모국어 습득에 방해가 된다'에 반
대합니다.

조기영어 교육은 모국어 습득에 방해가 된다. (찬/반)
저는 '조기영어 교육은 모국어 습득에 방해가 된다'에 찬성/반대합니다.
왜냐하면
따라서 (결과적으로, 그래서)

---

12. 동물을 대상으로 하는 실험은 금지해야 한다. (찬/반)

○ Point

저는 '동물을 대상으로 하는 실험은 금지해야 한다'에 반대
합니다.

○ Reason

인간을 대상으로 실험을 하면 임상 결과가 오래 걸리지만,
동물의 경우는 짧은 시간 내에 결과를 얻을 수 있다는 장

점이 있습니다.

○ Example

프랑스 화학자 파스퇴르Louis Pasteur는 개를 통해 광견병을 연구하여 백신을 개발했고, 양을 이용한 탄저병백신 개발, 햄스터를 이용해 광우병을 이용하는 프리온을 개발하였습니다. 동물실험을 통해 인간의 고통이 줄고 사회적 비용을 줄일 수 있다는 장점이 있습니다.

○ Point

따라서 '동물을 대상으로 하는 실험은 금지해야 한다'에 반대합니다.

동물을 대상으로 하는 실험은 금지해야 한다. (찬/반)
저는 '동물을 대상으로 하는 실험은 금지해야 한다'에 찬성/반대합니다.
왜냐하면
따라서 (결과적으로, 그래서)

---

13. 동물원의 원숭이는 야생의 원숭이보다 더 행복하다. (찬/반)

○ Point

저는 '동물원의 원숭이는 야생의 원숭이보다 더 행복하다'에 반대합니다.

○ Reason

동물원의 원숭이는 스트레스로 인해 야생 원숭이보다 수명이 짧기 때문입니다.

○ Example

인간의 욕심과 무분별한 환경파괴로 야생 원숭이는 터전을 빼앗기고, 동물원의 울타리에 갇혀 야생성을 잃은 채 인간에게 길들여지고 있습니다. 그로 인한 스트레스로 동물원의 원숭이는 평균 수명이 10년으로 야생 원숭이의 수명 15~20년에 비해 5년에서 10년까지 짧다고 합니다.

○ Point

따라서 '동물원의 원숭이는 야생의 원숭이보다 더 행복하다'에 반대합니다.

동물원의 원숭이는 야생의 원숭이보다 더 행복하다. (찬/반)
저는 '동물원의 원숭이는 야생의 원숭이보다 더 행복하다'에 찬성/반대합니다.
왜냐하면
따라서 (결과적으로, 그래서)

14. 인터넷의 발달로 인해 사람들의 관계가 더욱 가까워졌다. (찬/반)

○ Point

저는 '인터넷의 발달로 인해 사람들의 관계가 더욱 가까워졌다'에 반대합니다.

○ Reason

인터넷이 발달하면서 새로운 정보를 접할 수 있다는 점에
서는 편리해졌다고 생각할 수 있으나 가까운 가족뿐만 아
니라 대인 관계에서는 소통의 장벽을 만들었기 때문입니다.

○ Example

예로써 가족과의 관계에서도 서로 필요한 말만 하고 대화
의 단절로 서로 소통할 수 있는 기회가 사라져 나만의 공
간을 찾으려는 사고방식이 문제라고 생각합니다.

○ Point

따라서 저는 '인터넷의 발달로 인해 사람들의 관계가 더욱
가까워졌다'에 반대합니다.

인터넷의 발달로 인해 사람들의 관계가 더욱 가까워졌다. (찬/반)
저는 '인터넷의 발달로 인해 사람들의 관계가 더욱 가까워졌다'에 찬성/반대합니다.
왜냐하면
따라서 (결과적으로, 그래서)

---

15. 고령 운전자의 운전면허 반납을 유도해야 한다. (찬/반)

○ Point

저는 '고령 운전자의 운전면허 반납을 유도해야 한다'에 찬

성합니다.

○ Reason

왜냐하면 고령의 운전자는 신체적으로 모든 것이 약해지는 시기로, 운전에 필요한 판단력과 순발력이 떨어져 교통사고가 증가하는 추세이고, 교통사고는 대형 피해로 이어지고 있습니다.

○ Example

고령 운전자의 교통사고 건수가 2011년 1만3,596건이었으나 2015년 2만3,063건이 발생하여 69.6% 증가하였고, 2020년에는 고령 운전자수가 233만 명에 이를 것으로 예측되어 고령 운전자로 인한 교통사고와 피해는 사회적 문제가 될 것입니다.

○ Point

따라서 저는 '고령의 운전자에게 운전면허 반납을 유도해야 한다'에 찬성합니다.

고령 운전자의 운전면허 반납을 유도해야 한다. (찬/반)
저는 '고령 운전자의 운전면허 반납을 유도해야 한다'에 찬성/반대합니다.
왜냐하면
따라서 (결과적으로, 그래서)

나를 표현하는 단어로
1분 스피치

1분 스피치) 아래에서 당신을 나타내는 단어를 찾아주세요. 당신을 나타내는 단어는 무엇인가요? 다른 사람들에게 자주 듣는 말과 내가 스스로 생각하는 나 자신에게 맞는 단어를 찾고 그 이유를 설명해주세요.

예시) 저는 따뜻한 사람입니다. 길을 가다가 길을 헤매는 것처럼 보이는 어르신이 계시면 먼저 가서 "어디 찾으시는 거예요?"라고 여쭤보기고 하고, 아이들에게는 먼저 웃어주며 마음을 편안하게 만들어줍니다.

따뜻한		사교적인		꿈이 많은	
열정적인		활동적인		독특한	
활기찬/활동적인		수용적인		예의 바른	
재능 있는		친절한		안정적인/ 편안한	
상상력이 많은		낙천적인		개성이 강한	
정이 많은		승부욕이 있는		인내심이 있는	
결단력이 있는		임기응변/순발력		통찰력/ 분석력	
상황판단력이 뛰어난		실행력이 있는		주도적/솔선수범하는	
창의적		이성적인		목표지향적인	
가능성이 많은		감성이 풍부한		배려하는	
자립심이 강한		꾸밈없는 / 순수한		꼼꼼하고 철저한	
융통성 있는		강인한		유머가 있는	
예술적인		의사결정이 빠른		리더십이 있는	
봉사하는		근면한		상냥한	
믿음직한		동료애가 있는		열성적인	
재치 있는		조직적인		관대한	
호기심이 많은		도전적인		침착한	
계획성이 있는		시간약속을 잘 지키는		목표지향성이 뛰어난	
근성이 있는		자아성찰을 잘 하는		적응력이 뛰어난	

3단계

3분 스피치를
활용해 논리적으로
말하기

왜
3분 스피치인가?

소설가 생텍쥐페리Saint-Exupéry는 '완성이란 무엇인가. 더 덧붙일 것이 없는 상태가 아니라 무엇 하나도 다 떼어낼 것이 없는 경지를 말한다'라고 했다. 말하기도 덧붙일 것을 찾는 것이 아니라 덜어낼 것을 찾아야 한다. 사람들은 점점 피로해지고 다른 사람의 말에 귀를 기울이기 어렵다. 그래서 짧고 간결하고 핵심이 명확한 말하기가 필요한 것이다. 그렇다면 왜 3분 스피치일까?

첫째, 청중의 집중력을 유지할 수 있는 시간이기 때문이다. 미국의 니콜라스 부스먼Nicholas Boothman 교수의 태도 연구에 따르면 사람은 한 가지 일에 2분 이상 주목하기가 힘들다고 한다. 인내심을 갖고 다른 사람 말에 귀를 기울일 수 있는 시간은 얼마나 될까? 대중가요에서 힌트를 얻자. 대중가요 한 곡이 3~4분 안팎인 것을 볼 때 사람들의 집중력은 대략 3분 안팎으로 생각된다. 컵라면 조리 시간 3분. 3분 카레를 비롯한 다양한 3분 요리처럼 3분 안팎이면 듣는 사람들도 참고 기다릴 수 있는 시간이다. 따라서 말하기도 3분 안팎일 때 청중의 관심을 유지할 수 있다고 할 수 있다.

둘째, 말하는 사람의 핵심 전달능력을 높일 수 있기 때문이다. 시간제한이 없는 스피치일 경우 군더더기가 붙게 되고 다른 길로 샐 확률이 높다. 3분의 시간 동안 한 가지의 주제를 논리적으로 전달하겠다는 목표를 세우고 서론*본론*결론의 구조로 설계도를 만들어 전달한다면 완성된 형태의 말하기가 가능해진다. 또한 3분은 논리적 말하기의 기본으로 5분, 10분 스피치의 경우 여러 개의 주장과 근거를 제시하는 3분 스피치의 합이라고 볼 수 있다.

셋째, 집중을 방해하는 주위 환경 때문이다. 밥을 먹으면서도 수시로 스마트폰을 들여다보고, 걸어 다니면서도 SNS와 인터넷 서핑을 하는 우리들의 생활을 보면 집중력을 유지하기가 얼마나 어려운지에 대해 예상할 수 있다. 말하는 사람의 이야기가 길어지거나 지루해질 경우 청중은 바로 스마트폰을 켜서 뉴스나 메시지를 확인한다. 말하는 사람의 이야기에 집중하지 않는 청중을 다시 되돌리는 것은 참으로 어려운 일이다. 그래서 스피치도 점점 시대의 흐름에 맞춰 논리정연하게 전달할 필요가 있다. 3분은 청중의 집중력이 유지되고 핵심을 전달하기에 충분한 시간이다.

이번 챕터는 3분 스피치 훈련을 통해 논리적인 말하기의 형식을 익히고 효과적으로 전달할 수 있도록 구성되어 있다. 주제에 맞는 10개의 예화를 통해 주제를 파악하고, 스피치 과정을 수강한 일반인들의 다양한 스피치 예문을 통해 다양한 말하기 방식을 이해하며, 개요서 작성 후 정리해서 말로 하는 훈련을 한다면 혼자서도 논리적인 3분 스피치를 완성할 수 있다.

3단계
구성법

3분 스피치를 위한 3단계 구성법

3분 스피치는 서론·본론·결론의 구조에 맞춰 3분 안팎으로 발표하는 훈련을 하는 것을 말한다. 정확하게 3분을 맞출 수는 없지만 시간제한이 있으면 핵심만 전달할 수 있고 말이 다른 곳으로 새는 것을 방지할 수 있다.

- 서론에서는 말의 실마리를 열고 논의의 방향과 범위 등을 설명
- 본론에서는 핵심 주장과 그에 대한 근거에 대해 전개
- 결론에서는 앞의 내용을 요약, 정리하고 청중에게 행동 방향을 제안하면서 마무리

3단 구성법

발표할 주제에 맞게 전후 앞뒤의 논리적 관계 등을 고려하여 서론·본론·결론과 같은 3단 구성이 일반적이다.

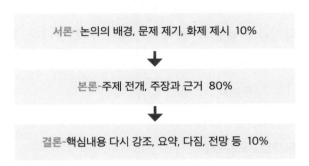

1) 서론 전개 방식

서론에서는 발표의 동기나 목적, 문제 제기, 화제 제시 등의 내용으로 흥미를 유발시켜 관심을 이끌어내는 단계이다.

(1) 논의하려는 주제를 직접 언급하면서 시작하기(문제 제기 - 화제 제시)

안녕하세요? 여러분은 취미가 있으신가요? 저는 자전거 타기가 취미입니다. 오늘 저는 '자전거를 잘 타는 방법'이라는 주제로 이야기를 해보려고 합니다.

(2) 결론을 미리 제시하며 시작하기

안녕하세요? ○○○입니다. 저는 '우리 가족에게 어떤 사람으로 기억되기를 바라는가'에 대해 말씀 드리겠습니다. 결론부터 말씀드리면, 저는 가족들에게 특히 아이들에게 친구 같은 아빠로 기억되고 싶습니다.

(3) 비판으로 시작하기

"가족과 함께하기 위해서 고통을 감수하고서라도 베푸는 삶을 살겠습니까? 아니면 자신의 이익을 우선시하겠습니까? 저는 오늘날 가장 큰 평화의 파괴자는 낙태라고 생각합니다."

- 테레사 수녀(Mother Teresa), 1994, 워싱턴 조찬 연설

"저는 강한 노조를 원합니다. 또한 강한 독일노조연맹을 원합니다. 이제 노조연맹 회원 여러분은 스스로에게 질문해야 합니다. 여러분이 과거부터 갖고 있던 문제 해결방식이 아직도 유효한지를 말입니다."

- 앙겔라 메르켈(Angela Merkel) 총리, 2007 독일노조연맹 연설

(4) 개념의 정의로 시작하기

여러분은 친구를 어떤 존재라고 생각하십니까? 저는 친구란 즐거움과 어려움 모두 함께할 수 있는 존재라고 생각합니다.

(5) 보편타당성을 확보한 명제를 전제로 삼으면서 시작하기

어려움이 있더라도 '나는 극복할 수 있다'라는 긍정적인 생각을 가지십시오. 이러한 마음가짐이 여러분 내면의 힘을 더욱 강하게 하고 자신감을 줄 것입니다.

(6) 인용을 통해 시작하기

'나귀가 걷기 시작하였을 때 동이의 채찍은 왼손에 있었다.'

장돌뱅이 허생원의 애환을 담은 이효석의 단편소설 〈메밀꽃 필 무렵〉에 나오는 말입니다.

(7) 역사적인 사례나 시사적인 사례를 제시하여 시작하기

"반어적인 표현이긴 하지만 칼 마르크스(Karl Marx)는 옳았습니다. 오늘날 혁명적 위기 상황을 목격하고 있습니다."

- 로널드 레이건, 1982, 영국 웨스트민스터 궁정 상하 양원 연설

"때로 사람들이 묻습니다. '대통령님은 누구에게 영감을 받습니까?' 저는 이렇게 대답하죠. 이 나라 곳곳의 영웅들에게 영감을 받습니다. 여러분의 부모님, 조부모님, 그리고 이 자리에 있는 여러분 모두에게서 말입니다."

- 버락 오바마, 2012, 버나드대학 축사

2) 본론 전개 방식

본론에서는 서론에서 언급된 내용을 바탕으로 주제를 전달한다. 전달할 내용에는 목표, 주제 및 화제가 있다. 이 세 가지를 어떻게 가공하여 연결하고, 조합하느냐가 본론에서 매우 중요한 관건이 된다. 즉 목표에 의거해서 주제와 화제가 적절하게 조화를 이루어야 성공할 수 있는데 이때 필요한 것이 스토리텔링이다. 논리적인 내용 전달을 위해서는 사실 논거의 적절한 활용과 스토리텔링을 적절히 가미한 감정의 교류가 이루어질 때 청중의 마음을 움직일 수 있다.

(1) 사실 논거의 활용

①객관적 증명

다른 사람들이 똑같은 결정에 직면해서 과거 어떤 결정을 내렸는지를 살펴봄으로써 어떤 것이 옳은지 판단하는 것이다. 과거 사례를 통해 상대방의 행동을 유도해야 한다. 이때 이용하는 사례는 현재의 논의 내용에 적합해야 한다.

②전문가 인용

각계각층의 전문가나 공신력 있는 사람의 말을 들어 증명하는 것이다. TV뉴스에서 사건, 사고 소식이 나온 이후 교수, 연구원, 의사 등 관련 분야의 전문가 인터뷰가 나오는 것을 보았을 것이다. 이렇게 전문가의 말이 곁들어지면 신뢰감이 높아진다.

③통계

데이터나 그래프 등 수치로 입증하는 것이다. 과거와 현재, 타사와 자사, 동종업계의 비교 등 다양한 활용이 가능하며 시각적인 효과가 크기 때문에 많이 활용된다. 특히 남성 청중이 많을 경우 숫자와 통계자료 활용이 효과적이다.

④참고 자료

발표하는 주제에 관련한 책과 잡지, 언론 인터뷰, 방송 뉴스, 신문, 라디오 등 다양한 참고 자료를 활용하는 것도 좋다.

⑤시연, 연구 결과

직접 현장에서 시연하는 것도 설득의 한 가지 방법이다. 장소, 시간, 기자재, 필요 부품의 제약이나 부족 등으로 쉽지 않지만, 제약, 토목, 식음료 등 필요 업종에 따라 적절히 활용할 수 있다.

(2) 감정 논거의 활용: 스토리텔링

발표자가 자신의 생각이나 지식, 정보 등의 내용을 전달하는 것이 말의 첫 번째 목적이지만 듣는 사람은 내용만으로 만족하지 않는다. 인간은 감정의 동물이기 때문에 내용 못지않게 감정 교류가 이루어져야 한다. 따라서 청중을 움직이려면 내용전달과 함께 감정교류도 병행해야만 한다. 즉 스토리텔링을 통해 청중의 마음을 움직여야 하는 것이다.

스토리텔링이란 스토리와 텔링의 합성어로 '개인적인 이야기 나누기'이다. 상대방에게 전달하고자 하는 것을 개인의 경험, 정보, 지식 등의 재미있고 생생한 이야기를 설득력 있게 전달하는 것이다. '스토리'를 통해 발표자와 청중은 자연스럽게 교감하게 된다. 그리고 비로소 청중이 공감할 수 있는 훌륭한 발표가 완성된다. 이야기는 인간 정신의 두 가지 면, 즉 이성과 감정 양쪽에 호소한다.

이야기의 가장 힘 있는 무기는 사람들에게 정체성, 즉 나는 누구인가, 나는 어디서 왔는가 그리고 어디로 가고 있는가에 대해 생각해보도록 도와주는 이야기라고 생각한다. 이야기는 암기해서 내뱉는 말이 아니라 자신의 마음 깊은 곳에서 우러난 것이기 때문에 청중에게도 스며들게 된다. 다만 청중이 관심 없는 이야기는 공감을 얻기가 어려우므로 공감할 만한 에피소드를 선정해야 한다.

(3) 스토리텔링을 위한 예화의 개발
① 생각하게 하는 예화의 개발

대부분의 사람들은 자신의 인식의 범주 내에서 살고 있다. 고정된 인식은 생각을 바꾸거나 새로운 사실을 받아들이려 하지 않는다. 따라서 청중이 새로운 관점으로 인식을 전환할 수 있도록 예화를 제시하는 것이 필요하다. 우리가 일상에서 흔히 듣는 말 중에서도 쉬우면서도 유익한 가르침이 될 수 있는 좋은 것이 많다. 특히 이러한 예화는 격언, 명언, 속담, 우화, 방송, 신문, 잡지, 책 등에서 많이 찾아볼 수 있다.

'찰스 다윈Charles Darwin은 '살아남는 종은 강한 종이 아니라 변화에 가장 잘 적응하는 종이다'라는 말을 했습니다. 4차 산업혁명의 시대, 우리는 '변화하느냐, 퇴보하느냐'의 기로에 서 있습니다. 여러분은 어느 쪽에 속한다고 생각하십니까?'

② 사실적인 예화의 개발

발표자가 직간접적으로 체험한 것이 있다. 직접 체험에는 발표자의 독특한 사례와 경험을 제시하는 것을 말한다. 예컨대 영업에서 상품을 출시하여 성공하기까지의 스토리를 자신의 예로 설명하는 것이다. 청중의 연령대와 관심사를 잘 파악해 사실적인 예화를 선정하면 청중의 공감을 얻는 것이 쉬워진다. 간접 체험에는 역사적 사실, 외국의 예, 일반적인 예 등이 포함된다.

3) 결론 전개 방식

결론은 본론 부분의 내용을 간결하게 다시 요약하고, 청중에게 실제 행동을 촉구하거나 앞으로의 전망 등을 이야기할 수 있다.

(1) 내용을 요약한다

"결론은 세 가지인데요. 첫 번째는 30분은 걷거나 뛰고 30분은 줄넘기를 하자. 두 번째는 저녁식사 시간을 지키자. 세 번째는 물을 마시는 것입니다. 이렇게 한 달만 꾸준히 한다면 3킬로그램 정도는 빠지지 않을까 생각해 보았습니다."

"결론을 말하자면 꾸준히 하루에 30분씩 복식호흡을 하고, 발성연습, 낭독훈련을 꾸준히 해서 데모스테네스Demosthenes처럼 저도 유명한 연설가가 되어 보려고 합니다. 제가 사투리를 고친 방법, 발성 연습법을 여러 사람들에게 알려드리겠습니다. 그 순간이 올 때까지 저는 열심히 연습할 것입니다. 감사합니다."

(2) 행동을 촉구한다

"앞으로 우리가 한 번 열심히 노력해서 우리 회사가 이 업계에서 최고의 자리에 오를 수 있도록 노력해 봅시다."

"여러분들도 진급이 누락되거나 스피치가 잘 안될 때 좌절하지 마시고 자신을 되돌아보는 기회를 가져서 발전의 기회로 삼으면 다시금 좋은 기회가 올 거라고 믿습니다."

(3) 비유, 명언, 시구 등을 인용하면서 발표자의 이미지를 각인시킨다

"'본질은 단순하지만 현상은 복잡하다'라는 아리스토텔레스의 말이 있습니다. 겉으로 드러난 현상을 걷어내고 숨은 본질을 파악해야 한다는 것입니다."

"가끔 '세상이 나한테 해줄 수 있는 게 뭐가 있어'라고 포기하는 분들에게 물어보고 싶은 게 있습니다. 그분에게 당신이 세상에서 스스로 바꿀 수 있는 것은 무엇이 있는지 그리고 그것을 바꾸기 위해 무엇부터 변화시켜야 하는지 알고 있는지 한번 물어보고 싶습니다. 감사합니다."

(4) 다짐, 각오, 앞으로의 계획

"저도 이 발표를 준비하면서 제 주변 친구들을 제가 어떻게 생각하고 있고 어떤 가치가 있는지 되돌아볼 수 있는 기회가 되었습니다."

"앞으로도 아이들이 좋아하는 거 같이 하는 게 가장 좋을 것 같아서 다른 방법들을 찾아보려고 합니다. 친구 같은 아빠, 남편이 되기 위해 노력하겠습니다."

3분 스피치
훈련

이제 본격적인 3분 스피치 훈련으로 들어가자. 3분 스피치 훈련이란 서론·본론·결론 3단계 구성법에 맞춰 3분 안팎으로 발표하는 훈련을 하는 것을 말한다. 정확하게 3분을 맞출 수는 없지만 시간제한이 있으면 말이 다른 곳으로 새는 것을 방지할 수 있고 발표 내용이 너무 짧거나 길어질 경우 틀에 맞추어 갈 수 있다.

3분 스피치 훈련법은 첫째 예화를 눈으로 읽으면서 의미를 파악한 후(묵독), 소리 내어 읽는 낭독 훈련을 한다(예화 낭독). 둘째 나의 경험담, 주변 사례, 방송, 신문, 책, SNS 등 주제에 맞는 예화, 에피소드, 근거 등을 생각한다(주제에 맞는 근거, 사례 찾기). 셋째 서론 본론 결론 구조로 이야기를 배열한다(구조화, 배열). 넷째 배열한 내용을 소리 내어 읽어보면서 내용의 연결과 핵심을 파악한다(핵심 확인과 리허설). 다섯째 전체적인 내용을 이해한 후 오프닝과 주요 내용을 암기한 후 써 놓은 글을 보지 않고 발표하는 연습을 하도록 한다(발표).

〈3분 스피치 1. 비움과 채움〉

제임스 카메론 감독의 영화 〈아바타Avatar〉에서 가장 흥미롭게 본 부분은 주인공 제이크가 나비족을 만나 부족의 전사로 가르침을 받게 되는 부분이었다. 처음에 나비족은 인간인 제이크를 거부하는데 그 이유가 흥미롭다. 그동안 나비족이 만난 과학자들은 '잔이 가득 차 있어 아무것도 배우려 하지 않는 존재들'일 뿐이었다.

나비족은 인간의 언어를 받아들였지만, 인간은 그들로부터 아무것도 배우지 못한 채 더 그들과 가까워질 수 없었다. 머릿속이 가득 차 있기 때문에 누군가로부터 배울 수 없었다. 하지만 제이크는 그들의 표현대로라면 '머리가 빈' 전사였기 때문에 부족으로 받아들이게 된다.

이와 비슷한 이야기를 〈지식채널 e〉 이소룡 편에서 본 적이 있다. 이소룡은 의사가 되기 위해 미국으로 건너가 학업과 무예를 닦게 된다. 꾸준히 쌓은 무예로 1968년 미국 폭스TV 인기시리즈 〈그린 호넷Green Hornet〉에 출연한 후 인기가 많아져 할리우드 배우들의 무술 지도자로서의 명성을 얻게 된다. 하지만 인기가 쌓일수록 고민은 늘어갔다. 본인의 정체성에 혼란이 온 것이다.

'할리우드에 처음 발을 디뎠을 때, 내 주위엔 많은 사람들이 있었다. 하지만 정작 나라는 사람은 없었고 단지 로봇 한 대가 있었을 뿐이다. 사람은 자신을 이해하지 못할 때 최악이 된다.' 그는 자아를 찾기 위해 더욱 육체를 단련했고 이런 말을 남겼다. '당신이 어떤 삶을 산다 해도 당신 자신에 대해서 알지 못한다면 결코 인생의 어떤 달콤함도 맛보지 못할 것이다.' 이소룡이 죽은 뒤 남겨진 7권의 노트 중 한 구절의 글을 되새김질해보자. '찻잔의 효용성은 그것이 비어 있는 상태에서 만들어진다.'

이야기가 있는 3분 스피치 1. 비움과 채움

물통에 물이 가득 차 있으면 물을 더 채울 수 없습니다. 물통의 물을 비워야만 새로운 물을 받아 채울 수 있죠. 말하기를 배울 때도 나쁜 습관을 비워야만 새로운 습관을 채울 수가 있습니다. 스피치를 배우고 익히기 위해 여러분이 비워야 할 것은 무엇이고 채워야 할 것은 무엇인가요? 그 이유와 사례도 함께 이야기해 주세요.

⟨3분 스피치 2. 자유주제⟩

《버리는 글쓰기Thunder and Lightning》의 저자 나탈리 골드버그 Natalie Goldberg는 말을 하려고 할 때 어떤 주제로 이야기해야 하는 가에 대한 감이 오지 않을 때 이렇게 질문한다고 한다. '내게 정 말 중요한 것은 무엇인가?' '어떤 주제에 끌리는가?' '오래 간직 하고 싶은 기억이 있는가?' 이런 질문을 하면서 스스로와 대화 를 나누다 보면 어느새 말할 거리를 찾게 된다고 한 바 있다.

《해리포터Harry Potter》의 작가 조앤 롤링도 비슷한 충고를 한 적이 있다. 롤링은 스물여덟 살에 정부에서 빈곤층 생활보조금 을 받으며 딸과 근근이 살아야 했다. 그러던 중 동생의 격려로 용기를 얻어 책을 쓰기 시작했고 《해리포터와 마법사의 돌》의 원고가 완성되자 에이전트를 통해 영국 굴지의 출판사들에 보 내기 시작했다.

그러나 이 원고를 받아주겠다는 곳은 한 곳도 없었다. 12번이 나 번번이 퇴짜를 맞았다. 그러다가 1996년 블룸스버리라는 출 판사가 관심을 보였고 마침내 1997년 출판됐다. 오랜 세월에 걸 쳐 준비된 데뷔작은 엄청난 반향을 일으켰고 지금까지 시리즈 일곱 권이 모두 공전의 히트를 치는 세계 출판 사상 대기록을 세웠다. 롤링은 작가가 되는 길을 묻는 어린이들에게 이렇게 말해주었다. "여러분이 알고 있는 것부터 쓰기 시작하세요. 여러분 자신의 경험과 느낌을 적는 겁니다. 나 역시 그렇게 하고 있답니다."

이야기가 있는 3분 스피치 2. 자유주제

여러분이 가장 자신 있고 잘 알고 있는 주제를 선택해 3분 스피치를 해보세요. 나의 업무 소개, 직장 소개, 직장 주변 맛집 소개, 친구 소개, 가족 소개, 나의 취미, 고향 소개, 여행지 소개, 건강을 지키기 위한 나의 비법, 나만의 다이어트 방법, 나만의 시간 활용법 등.

〈스피치 개요서〉

서론 청중을 낚아라	
본론 주제를 튼튼히 뒷받침하라	
결론 여운을 남겨라	

3분 스피치 예문: 나만의 다이어트 방법

안녕하세요? ○○○입니다. 저는 '나만의 다이어트 방법'이라는 주제로 이야기를 해보려고 합니다. 제가 어릴 적부터 운동을 좋아해서 운동과 다이어트에는 어느 정도 자신이 있기 때문인데요. 제가 했던 운동은 태권도, 복싱, 검도, 헬스, 댄스처럼 몸을 많이 움직이는 운동이었습니다. 몸을 부지런히 움직이면 결국 살이 빠지긴 빠지더라고요.

구체적인 방법을 알려드릴게요. 날씬한 몸매를 만들려면 먼저 유산소 운동을 해서 지방을 태우고 근육을 몸에 붙도록 해야 합니다. 유산소 운동 중에서도 걷기와 뛰기가 대표적이죠. 빠른 걸음으로 걷고, 뛰기를 반복하면 얼굴에 열이 나기 시작하고 땀도 흘리게 됩니다. 그렇게 2주 정도만 꾸준히 한다면 조금씩 몸의 변화를 느낄 수 있는데요.

그래서 제가 생각할 때 가장 빨리 살을 뺄 수 있는 방법은 한 달 동안 하루 한 시간씩 운동하는 것입니다. 조금 더 자세히 들어가면 30분은 걷거나 뛰고 30분은 줄넘기를 하는 것인데요. 줄넘기를 이용해서 운동하면 살이 더 잘 빠집니다. 그리고 식사가 중요한데요. 아침, 점심은 많이 먹어도 되지만 저녁은 7시 전후로 먹고 이후로 금식하는 것이 좋습니다. 그리고 물은 1리터 정도 마시면 좋습니다. 이렇게 꾸준히 한 달만 하시면 살은 확실하게 빠집니다.

제가 전에 유산소 운동을 안 하고 헬스만 열심히 해보니 몸이 예쁘게 안 되고 울퉁불퉁한 근육질의 남자들 몸처럼 몸이 만들어지더라고요. 그래서 유산소 운동을 선택하게 되었어요. 사람마다 자신에게 맞는 운동 방법이 있을 텐데요. 유산소 운동을 꾸준히 하고 자신의 몸에 맞게 근육을 만들어가면서 운동을 한다면 살도 꼭 빠질 것이고 아름다운 몸도 만들어진다는 것이 저의 경험입니다.

결론은 세 가지인데요. 첫 번째는 30분은 걷거나 뛰고 30분은 줄넘기를 하자. 두 번째는 저녁식사 시간을 지키자. 세 번째는 물을 마시는 것입니다. 이렇게 한 달만 꾸준히 한다면 3킬로그램 정도는 빠지지 않을까 생각을 해 보았습니다. 감사합니다.

3분 스피치 예문: 상대의 관심사가 곧 나의 관심사

안녕하세요. 이번에 자유주제로 저의 관심사에 대해 발표하는 자리가 됐는데요. 제 주제는 '상대의 관심사가 곧 나의 관심사'입니다. 주제가 뭔가 이상한 것처럼 보이는데요. 제가 사용자경험디자인이라는 것을 전공하는데 전공을 공부하다 보니 직업병처럼 돼버린 것입니다. 사용자경험디자인이라는 것이 사용자가 봤던 것에 대한 어떤 경험을 느끼고 어떤 행동을 하는지를 잘 관찰하고 조사를 해서 그 경험을 더 개선하는 과정이거든요. 그러다 보니까 사람들이 무엇을 하는지를 관찰해야 하고 다 조사를 해야 하더라고요. 그래서 어느새 상대의 관심사가 저의 관심사가 되어 버렸습니다.

이 과정을 크게 네 가지 단계로 말씀드릴 수 있는데요. 처음에는 사람들을 관찰하고 공감하는 단계, 두 번째는 관찰하고 조사한 결과에서 무엇이 문제인지 사람들에게 무엇이 필요한지 다시 생각하는 단계, 세 번째는 무엇이 필요한지 알았으니까 이것을 어떻게 충족시켜줄지 생각하는 단계, 네 번째는 여러 방법 중에서 좋은 것을 뽑아서 만드는 단계, 이렇게 네 가지입니다. 그 사례를 하나 말씀드리면, 여러분 싸이월드 아세요? 싸이월드를 기획하고 만든 계기가 있는데요. 그 회사의 대표가 10~20대 여성들을 대상으로 서비스를 만들자고 했는데 처음에는 실패했대요. 그래서 그 회사 사장이 직원들을 카페로 보내서 '저 사람들이 뭘 하는지 다 적어와'라고 해서 여러 가지를 모았는데 그 중에 눈에 띈 게 20대 여성분들이 카페에서 자기 얘기를 다이어리로 쓰고 공유하는 것을 발견하게 되었답니다. 새롭게 알게 된 사실이었던 거죠.

그래서 이것을 서비스로 구현해보자 한 게 싸이월드가 됐습니다. 저도 이렇게 사용자가 뭘 하는지 관찰하면서 제가 몰랐던 것을 알아내는 게 정말 재밌어서 제 관심사가 됐는데요. 제 얘기를 조금 해드리면 지하철을 탈 때 자신도 모르게 옆 사람들 핸드폰에 시선이 가긴 하잖아요. 제가 평소 생각할 때는 나이 드신 분들은 핸드폰을 많이 안 쓸 거라고 생각하고 인터넷을 잘 안 할 거라고 생각을 했어요. 그런데 우연히 옆에서 보니까 뉴스기사를 보시고 댓글을 하나하나 다 확인하시더라고요. 저는 그냥 기사만 보시고 나갈 줄 알았는데 댓글이 뭐가 있나, '좋아요'가 몇 개 있나 다 꼼꼼하게 읽으시더라고요.

그래서 이렇게 제가 몰랐던 것을 알게 되는 게 정말 재미있어서 제 관심사가 됐습니다. 저는 제 전공이 사람들의 삶을 조금 더 풍요롭게 편리하게 만들 수 있어서 앞으로도 사람들의 관심사를 파악하고 공감하기 위해 노력하겠습니다. 감사합니다.

3분 스피치 예문: 상대방이 잘하는 것을 부러워하지 말고 당장 도전하라

안녕하십니까? ○○○입니다. 저는 오늘 상대방이 잘하는 것을 부러워하지 말고 당장 도전하라 하는 제목으로 여러분과 이야기 나누어 보려고 합니다. 저는 호기심이 많은 사람입니다. 여러분도 호기심이 많으신가요? 저는 호기심이 많은 만큼 도전하는 것을 좋아합니다.

제가 여러분께 동영상을 배우게 된 동기에 대해 말씀드릴게요. 저희 딸이 다섯 살이 됐을 때입니다. 딸 사진을 많이 찍었는데 디지털로 찍다 보니 사진 인화를 별로 안 하잖아요. 그래서 '사진을 어떻게 남기면 좋을까' 하다가 '동영상으로 만들어서 추억으로 남겨주자'라는 생각으로 동영상 편집하는 기술을 배우게 되었습니다.

사실 처음에 배우려고 하니까 아주 두렵더라고요. 하지만 이러다가 영영 못 배울 것 같아서 큰 용기를 냈습니다. 그때 교육 장소가 광화문에 있었는데 처음에 가서 배우니 잘 모르겠더라고요. 그래서 다음에 두 번째 교육을 하러 또 갔죠. 지금은 남들보다 잘한다는 생각은 안 하지만 남들 못지않게 제작할 정도의 실력을 쌓았는데요. 배우면서 '모르는 것은 창피가 아니다'라고 생각하고 가르치는 선생님께 물어보기도 하고, 교재 보면서 계속 터득했어요.

제가 그걸 하면서 느낀 것은 배움에는 나이가 중요하지 않다는 점입니다. 물론 나이 들어 배우다 보니까 젊은 사람들에 비해 속도의 차이는 있어요. 하지만 남들을 부러워하지만 말고 시작하는 것이 중요하다는 것을 알게 되었습니다. 이제는 도전하는 용기만 있다면 무엇이든 할 수 있다고 생각하고 있습니다.

여러분도 상대방이 잘하는 것을 부러워하지 말고 지금 당장 도전해 보는 게 어떨까요? 저는 지금까지 '상대방이 잘하는 것을 부러워하지 말고 당장 도전하라'에 대해 말씀드렸습니다.

〈3분 스피치 3. 마음의 안정을 찾는 방법〉

영국 프리미어리그 맨체스터 유나이티드 감독으로 유명한 알렉스 퍼거슨Alex Ferguson 감독은 10대의 크리스티아누 호날두Cristiano Ronaldo와 웨인 루니Wayne Rooney를 발굴해 세계적인 스타로 키워낸 명장이다. 지독한 일벌레로 소문난 그는 평소 아침 평소 아침 일곱 시에 훈련장에 도착해 저녁 아홉 시까지 머물고 휴가도 가지 않는다.

퍼거슨은 '다른 사람들의 요구를 외면하지 못하거나 여가를 다 누리면서 큰 성공을 거둔 사람을 만나보지 못했다'며 '남들보다 더 잘하기를 열망하면서 동시에 삶의 균형을 유지하는 것은 현실적으로 불가능하다'고 했다. 뛰어난 리더십을 발휘했던 퍼거슨은 어떤 방법으로 스트레스를 풀고 마음의 안정을 얻었을까 궁금하다. 그의 이야기를 잠시 들어보자. '나는 시간이 날 때마다 피아노를 연주한다네. 모든 신경을 오직 승리라는 목표에 집중해야 하는 긴장감에서 벗어날 수 있는 내 나름의 방식이라네.' 이렇게 퍼거슨 감독은 시간 날 때마다 피아노를 치며 긴장을 푼다고 한다.

　다른 사람들은 마음의 안정을 찾기 위해 어떠한 행동이나 의식을 할까? 빌 게이츠는 긴장을 풀어주기 위해 매일 자기 전 두 가지를 실천하고 있다고 말한다. 한 가지는 독서를 하는 것이다. 매일 적어도 한 시간의 독서 시간을 갖는다고 말한다. 두 번째는 설거지이다. 그는 2014년 레딧Reddit 사용자들과의 채팅에서 '나는 매일 밤 설거지를 한다. 다른 사람들을 못 하게 하고 내가 좋아하는 설거지를 한다'고 말했다. 명상을 즐기는 오프라 윈프리Oprah Winfrey는 '비명을 지르고 싶을 만큼 방송이 힘들 때는 욕실에 들어가 내면의 작은 공간을 느낄 때까지 눈을 감고 깊은 숨을 내쉰다'라고 인터뷰에서 밝힌 바 있다.

　시인 손택수의 시에서는 마음이 어지러울 때 하는 행동에 대한 이야기가 나온다. '마음이 어지러울 때면 나는 구두를 닦는다. 구두를 닦는 요령은 하나다. 그저 내 얼굴이 보일 때까지 문질러주는 것이다.' 음악가 홍승찬은 마음이 어지럽거나 공허할 때 책을 읽으며 위로와 안정을 찾는다고 이야기한 바 있으며 배우 하정우는 '걷기와 그림 그리기를 통해 위안을 받고 자양분을 얻는다'고 했다.

　신경숙의 소설 《풍금이 있던 자리》에는 복잡한 마음을 안정시키기 위해 칫솔질을 하는 여성의 모습이 묘사되어 있다. '그 여자는 칫솔에 흰 치약을 많이 묻혀 오랫동안 칫솔질을 했습니다. 역시 큰 오빠의 사주를 받은 제가 따라다니며, 그 여자의 등에 업힌 어린애를 꼬집어 울릴 때도 말이에요. 저는 그때껏 그 여자가 칫솔질만 하는 줄 알았는데, 아니었어요. 그 여자는 울고 있더군요. 벌써 그때 눈이 시뻘개져 있었어요.' 당신은 어떠한 방식으로 스트레스를 풀고 마음의 안식을 얻을 수 있는가?

이야기가 있는 3분 스피치 3. 마음을 안정시키는 방법

마음이 복잡할 때, 혹은 스트레스가 쌓인다는 생각이 들 때 어떠한 행동을 하시나요? 그러한 행동이나 방법으로 인해 얻게 되는 결과나 생각은 무엇인가요? 마음을 안정시키기 위한 나만의 방법을 소개해주세요.

〈스피치 개요서〉

서론 청중을 낚아라	
본론 주제를 튼튼히 뒷받침하라	
결론 여운을 남겨라	

3분 스피치 예문 : 마음을 안정시키는 방법 1

안녕하십니까? ○○○입니다. 저는 오늘 제 마음을 안정시키는 방법에 대해서 말씀드리겠습니다. 일하다 보면 업무적으로 인간적인 부분에서 스트레스를 받게 됩니다. 이렇게 일을 하다 보면 옆 직원이 건네주는 비타민C랑 사탕 한 개에도 스트레스가 풀리기도 하지만 100% 풀리지 않기 때문에 사람과의 관계에서 받은 스트레스를 푸는 저만의 방법이 있습니다.

회식을 하거나 운동을 하거나 등산을 하거나 이런 방법으로는 풀리지 않더라고요. 제 방법을 말씀을 드리면 와이프하고 산책하면서 이 사람은 이렇고 저 사람은 저렇고 이야기를 합니다. 그러면서 스스로 해결책을 찾거나 해결방법이 생각이 납니다. 때로는 와이프가 조언도 해주고 아니면 말하는 것 자체로 마음이 안정되는 그런 느낌을 받습니다.

제가 또 스트레스를 해소하는 두 번째 방법은 매주 월요일마다 성경 공부를 하고 사람들에 대한 이야기를 나눕니다. 사람들에 대한 이야기를 나누고 나서 그 다음에 기도를 합니다. 기도하고 나면 마음이 정화되고 안정이 된다는 느낌이 많이 듭니다. 그래서 이런 방법을 조금 인간관계나 이런 부분들에 대해서 스트레스를 받으면 한 번 권해볼 만한 것 같습니다. 사람과의 관계에서 온 스트레스는 역시 누군가와의 대화를 통해서 그 부분에 대해 이야기를 해야 한다고 생각합니다.

물론 다른 방법으로도 쌓인 스트레스를 풀 수는 있겠지만 근본적인 부분이 항상 뇌리에 남아있기 때문에 다른 사람과의 대화를 통해서 직접 당사자와 해결이 안 된다고 하더라도 그런 스트레스를 해소할 수 있을 것 같습니다. 또 기도하는 것도 좋은 방법인 것 같습니다. 그럼 마음을 안정시키는 방법에 대한 발표를 마치도록 하겠습니다. 감사합니다.

3분 스피치 예문 : 마음을 안정시키는 방법 2

안녕하세요 ○○○입니다. 발표 제목은 저의 마음을 안정시키는 방법입니다. 저는 스트레스를 주로 두 가지로 많이 받게 되는데 제가 수립한 목표가 잘 이루어지지 않을 때, 그리고 대인관계가 잘 안 될 때 스트레스를 많이 받습니다. 대인관계는 주로 부모님과 의견충돌이 있거나 친구, 대학 동기와의 관계에서입니다.

제가 스트레스를 푸는 것은 무언가를 보는 것입니다. 제가 좋아하는 예능에서 웃기는 장면을 보거나 만화를 보고 있습니다. 최근에 〈동상이몽〉이라는 부부가 참여하는 프로그램을 좋아하는데요. 특히 많은 부부 중에서 소이현, 인교진 부부가 재미있었습니다. 개인적으로 왜 재미있었냐면 다양하게 야구도 하고 게임도 하고 마치 친구와 동생처럼 하더라고요. 결혼하면 저렇게 살고 싶다는 생각이 들었습니다.

　그리고 만화는 주로 《원피스One Piece》가 재미있거든요. 저는 최근에 부모님과의 의견충돌이 많은데 너무 스트레스 받으니까 만화에 집중해서 아무 생각도 안 하고 몰입해서 봅니다. 한 두 시간 정도. 그러면서 스트레스가 해소가 되는 느낌이 들어요. 마치 단순해지는 느낌? 공허할 때 보면 뭔가 채워주는 게 필요하잖아요. 그러면서 좀 영상에 의지하는 것 같아요. 뭔가 '내게 도움이 되고 조금 시간을 알차게 보내는 것 같다'라는 생각이 많이 들고요.

　그리고 특히 제가 아까 말했던 만화 얘기를 친구와 대화하면 기분이 더 좋더라고요. '서로가 보는 각도가 다르구나. 어, 저런 장면은 다시 봐야지' 하고 보게 되고 그런 게 정말 좋더라고요. 그런데 개인적으로 너무 집중하다 보니까 놓치는 게 있어 아쉬움이 있긴 합니다. 우선순위를 놓치는 것 같고, 개인적으로 과제, 당장 제출해야 할 과제를 너무 미루다 보니까 밤새야 할 일이 생기고 또 급한 일을 자꾸 미루게 되는 것 같아요.

　그래서 결론은 저는 스트레스 받을 때에 만화나 재미있는 영상을 보면서 힐링을 하지만 이제는 너무나 긴 시간을 투자하는 것보다 해야 할 일도 생각을 하면서 마음을 진정시키는 게 중요하다고 생각하게 되었습니다. 이상 발표를 마치겠습니다.

〈3분 스피치 4. 어떤 사람으로 기억되고 싶은가?〉

배우 인터뷰를 보면 마지막에 항상 나오는 질문이 있다. '어떤 사람으로 기억되고 싶은가요?' 그런 글귀를 읽으면서 한 번쯤 나에게도 질문을 던져본다. 나는 어떤 사람으로 기억되고 싶은가? 배우 이병헌은 '좋은 배우로 기억되고 싶다'고 말했고, 조인성은 '저는 그냥 삽니다! 제가 원하는 대로 기억될 수도 없고, 그러하니 저는 하루하루 열심히 사는 거예요'라고 이야기했다.

고준희는 '여자들은 공통적으로 상냥하고 예쁘게 나이 들고 싶어 할 것입니다. 저 또한 그렇게 나이 들었으면 해요. 또한 아름다운 여배우로 기억됐으면 좋겠고요. 여기에 나이를 먹으면 그 나이에 맞게 행동하고 카리스마와 같은 아우라도 있어야 할 것 같습니다'라고 이야기했다.

'드라마건, 버라이어티건, 코미디건 희극적인 존재로 기억되고 싶습니다. 우리가 찰리 채플린을 기억하고 주성치周星馳를 기억하고 짐 캐리Jim Carrey를 기억하듯이 저도 외국 사람들이 봤을 때 '대한민국에는 김병만이라는 코미디언이 있었구나', 그런 코미디언이 되고 싶어요.' 이는 김병만의 인터뷰 내용이다.

'나는 장인정신으로 중국을 변화시켰다. 최소한 중국의 제조업을 변화시켰다. 나는 진심으로 장인정신이 나의 묘비명을 바꿀 수 있기를 바란다. 소니가 일본의 공업을 발전시켰고 삼성이 한국의 공업을 발전시켰듯이, 샤오미가 중국 공업을 발전시키기를 바란다.' 이러한 묘비명을 미리 만들어놓은 이는 보조배터리로 유명한 샤오미의 창업자 레이쥔이다. 자신의 일에 대한 그의 신념을 엿볼 수 있다.

여기에 멋진 묘비명으로 유명한 이가 또 있다. 미국의 철강왕 앤드류 카네기Andrew Carnegie이다. '자기보다 현명한 사람들을 모이게 하는 법을 터득한 자, 여기에 잠들다.' 여러분은 다른 사람에게 어떤 사람으로 기억되고 싶은가?

피터 드러커Peter Drucker에 따르면 '나는 어떤 사람으로 기억되고 싶은가?'라는 질문은 우리 각자를 스스로 거듭나는 사람이 되도록 이끌어준다고 한다. 이 질문은 우리로 하여금 자기 자신을 다른 시각에서 바라보도록, 즉 자신이 앞으로 '될 수 있는' 사람으로 보도록 압력을 가하기 때문이다.

이야기가 있는 3분 스피치 4. 어떤 사람으로 기억되고 싶은가?

• 나는 나의 가족 혹은 직장동료, 친구에게 어떤 사람으로 기억되기를 바라나요? 그렇게 기억되고 싶은 이유는 무엇인가요? (구체적 행동지침)

〈스피치 개요서〉

서론 청중을 낚아라	
본론 주제를 튼튼히 뒷받침하라	
결론 여운을 남겨라	

3분 스피치 예문: 말 잘하는 사람으로 기억되고 싶다

저는 저의 주변 사람들에게 어떤 사람으로 기억되고 싶은가에 대해서 말씀드리겠습니다. 여러분은 고대 그리스의 데모스테네스를 아시나요? 그는 그리스의 유명한 연설가이자 정치가, 웅변가였습니다. 하지만 어릴 때부터 선천적으로 체력이 무척 허약했고, 말을 더듬었다고 합니다. 그런 단점을 고치기 위해 끊임없이 노력해서 나중에는 데모스테네스의 연설을 듣기 위해서 다른 나라에서도 초빙할 정도로 유명해졌습니다. 그가 한 노력은, 크게 세 가지인데요. 조약돌을 입에 물고 발음 연습을 하고 가파른 언덕을 올라가면서 소리를 질러 호흡과 발성을 조절하고, 말을 할 때 한쪽 어깨가 올라가는 버릇을 고치기 위해 어깨 위에 칼을 대고 연습을 했다고 합니다.

저는 책에서 읽은 데모스테네스의 노력을 보고 용기를 얻었는데요. 저 역시 데모스테네스처럼 꾸준히 열심히 연습한다면 제가 바라는 목표를 이룰 수 있지 않나 생각해 봅니다. 저의 목표는 사투리를 고치는 것, 내 목소리가 사람들에게 듣기 좋은 편안함을 주고 신뢰감을 주는 것, 말을 조리 있게 잘하는 사람이 되는 것인데요. 처음에 이 목표를 정할 때는 너무 큰 목표가 아닌가 생각했었지만, 데모스테네스의 노력에 감탄하여 저도 열심히 해야겠다고 생각했어요. 그래서 유튜브로 발성, 발음, 스피치에 대한 영상들을 보고 혼자서 따라해 보기도 하고 학원을 방문해서 수업도 듣게 되었습니다. 학원에서는 여러 가지 방법을 알려주었는데 그 방법들을 시간이 날 때마다 열심히 연습하고 있습니다.

데모스테네스처럼 꾸준히 한다면 저는 달라질 것이고 다른 사람들에게 '열심히 노력하는 사람이구나'라는 말을 듣고 싶습니다. 그래서 '예전에는 별 볼 일 없더니 지금은 전혀 다른 사람인 것 같다'라는 이미지를 남기고 싶습니다.

결론을 말하자면 꾸준히 하루에 30분씩 복식호흡을 하고, 발성연습, 낭독훈련을 꾸준히 해서 데모스테네스처럼 저도 유명한 연설가가 되어 보려고 합니다. 제가 사투리를 고친 방법, 발성 연습법을 여러 사람들에게 알려드리겠습니다. 그 순간이 올 때까지 저는 열심히 연습할 것입니다. 감사합니다.

3분 스피치 예문: 나는 정직한 사람으로 주변 사람들에게 기억되고 싶다

안녕하십니까? ○○○입니다. 저는 제가 저의 지인들에게 어떻게 기억되면 좋을지에 대해서 준비를 해봤습니다. 항상 저는 '어휴, 저 사람 저런 모습 너무 싫어. 저 사람 진짜 성격 좋아.' 이렇게 남을 항상 평가했었는데 이번 기회를 통해서 제가 어떻게 기억되고 싶은지를 처음 생각해봤어요. 그래서 발표 준비하는 시간이 좀 오래 걸렸던 것 같습니다.

제 생각은 정직한 사람, 겉과 속이 다르지 않은 사람, 빈말하지 않는 사람 즉 정직함, 이걸로 정리할 수 있겠습니다. 왜냐하면 겉과 속이 다르거나 빈말을 많이 하거나 그 순간을 모면하기 위해 거짓말을 하다 보면 신뢰감을 스스로 떨어뜨리는 것이 되어 사람들이 안 믿게 되는 그런 경우를 경험하면서 '정직한 사람으로 기억이 되고 싶다'라고 생각을 했습니다.

예를 들어 저와 친한 언니 중에 항상 저를 보면 매번 "야, 너 살 빠졌다" 이렇게 얘기해주는 언니가 있어요. 물론 기분 좋아지라고 해주는 말인 줄은 당연히 알고 그 마음도 고맙고 한데 이제 너무 볼 때마다 똑같은 말을 하고 오히려 제가 살이 5kg 쪘는데도 "와, 살 빠졌다" 이렇게 얘기해주니까 나중에는 이제 그 언니가 해주는 칭찬의 말을 좀 안 믿게 되더라고요. '아, 그냥 하는 말이지 뭐' 이렇게 다 속으로 생각하게 돼서 '아, 나는 저러지 말아야겠다' 이런 생각을 했습니다.

그래서 정리하자면 정직한 사람, 겉과 속이 다르지 않은 사람으로 기억이 되고 싶고 그러려면 어떻게 해야 할까 생각을 해봤습니다. 가끔 저희도 그 당황스러운 순간을 모면하기 위해서 갑자기 거짓말을 하고 싶을 때가 있고 아니면 그 사람의 환심을 사고 싶어서 빈말을 하고 싶을 때가 있기도 합니다. 그럴 때는 그걸 좀 자제하고 2~3초 정도 숨을 쉰 다음에 할 말을 하면서 생각을 정리해야겠다는 생각을 했습니다. 여러분도 한번 실천해 보시면 좋을 것 같습니다. 감사합니다.

3분 스피치 예문: 가족에게 친구 같은 아빠로 기억되고 싶다

안녕하세요. ○○○입니다. 저는 '우리 가족에게 어떤 사람으로 기억되기를 바라는가'에 대해 말씀 드리겠습니다. 결론부터 말씀드리면, 저는 가족들에게 특히 아이들에게 친구 같은 아빠로 기억되고 싶습니다.

저는 아들만 둘이 있는데요. 아이들과 스스럼없이 고민도 이야기하고 영화도 보면서 많은 시간을 함께 보내고 싶습니다. 아이들에게 해주고 싶은 이야기가 많거든요. 그런데 잘 안 듣죠. 제가 얘기하면 잔소리라고 생각하고 귀를 닫아버리는 게 안타까웠어요. 아빠에게 물어보면 좋은 이야기, 많은 이야기해주고 싶고 그럴 마음의 준비가 돼 있는데 듣기 싫어하고, 오히려 다른 사람들의 이야기를 잘 듣고…. 10대 아이들의 특성인 것 같아요. 아직은 나이대가 그래서 그렇지만 장기적으로는 친구 같은 사람이 되었으면 좋겠다는 생각을 해요.

저희 집사람도 저에게 비슷한 것을 얘기하더라고요. 친구 같은 남편이 되었으면 좋겠다고요. 이야기하고 싶을 때 이야기 들어주고 같이 있어주는 사람. 제가 집사람한테도 그렇게 해야겠고 아이들에게도 많은 이야기를 나누고 교감하는 가장으로 기억되기를 바랍니다. 구체적인 방법들은 지금도 찾아가고 있는데 일단 화를 내거나 혼내거나 하면 아이들과의 관계가 나빠지는 것 같아 최대한 화를 안 내려고 합니다. 최근에도 화가 나는 일이 있었는데 화를 안 냈더니 결과적으로 친해졌습니다.

또 한 가지는 공통의 취미생활, 공통의 관심사를 같이 하는 것입니다. 이것이 친해지는 가장 좋은 방법인 것 같습니다. 저의 경우에는 큰 애와 둘째 아이 모두 운동을 좋아하는데 저 역시 운동을 좋아하다 보니 운동을 같이합니다. 큰 아이는 근력운동을 좋아하니까 근력운동 가르쳐주면서 같이하고 둘째 아이는 걷기 뛰기 이런 거 좋아하니까 강아지랑 걷기나 뛰기를 같이 합니다.

앞으로도 아이들이 좋아하는 거 같이하는 게 가장 좋을 것 같아서 다른 방법들을 찾아보려고 합니다. 친구 같은 아빠, 남편이 되기 위해 노력하겠습니다. 감사합니다.

〈3분 스피치 5. 화를 다스리는 법〉

'화를 벌컥 내는 건 불타는 석탄 한 덩이를 손에 꽉 쥐는 것과도 같다. 상대방에게 던지기 전 불에 데는 사람은 그 자신이다.' 《화Anger》의 저자 틱낫한Thich Nhat Hanh 스님이 인용한 붓다Buddha의 말이다. 화는 결국 자신을 다치게 한다는 붓다의 말을 들은 것일까? 화를 내는 데 있어 인내심을 발휘했던 이는 링컨 대통령이었다.

링컨이 처음부터 인내심이 뛰어났던 것은 아니다. 변호사 시절 정치 라이벌을 비난하는 글을 신문에 보냈다가 들통이 난 뒤로 언행을 조심하게 되었다. 그는 이후 화가 날 때마다 편지를 쓰는 방법을 채택했다. 자신의 부하, 장성들, 심지어 친구들 때문에 화가 나면 편지 쓰는 것을 선호했다. 그들이 왜 잘못되었는지, 자신의 진심에 대해 무엇을 알아야 하는지가 글의 요지였다. 편지를 다 쓰면 링컨은 그것을 잘 접어 서랍에 넣어두고는 절대 보내지 않았다. 링컨이 이렇게 쓴 편지의 상당수는 나중에 우연히 발견되었다. 젊은 날의 실수로 화를 다스리는 법을 배우고 평생 자기성찰을 했던 것이었다.

인간관계를 어렵게 만드는 요소 가운데 '화'라는 감정이 있다. 그런데 화는 왜 일어날까? 우리가 '화'라고 부르는 감정 안에는 분노, 모멸감, 자기 비하, 그리고 좌절감까지 다양한 감정이 숨겨져 있다고 한다. 화가 나는 원인은 모욕, 비교나 상대방에게 무시를 당했을 때, 원하는 대로 결과가 나오지 않았을 때, 내 마음을 몰라줄 때 등으로 다양하다.

화가 날 때 화를 다스리는 쉬운 방법 한 가지를 제시한다. '화가 날 때는 10까지 세어라. 화가 너무 많이 날 때는 100까지 세어라.' 미국의 3대 대통령인 토머스 제퍼슨Thomas Jefferson의 말이다. 이 말은 우리에게도 익숙하다. 흔히 화가 났을 때 숫자를 세는 것이 좋다고 이야기한다. 1부터 10까지 차근차근 숫자를 세면서 천천히 심호흡하다 보면 화가 진정된다는 것이다.

숫자를 세면서 시간을 버는 것은 정말 화를 진정시키는 데 도움이 될까? 결론부터 말하면 그렇다. 이는 과학적으로도 입증된 사실이다. 15초! 이 15초만 참으면 화를 누그러뜨릴 수 있다. 분노를 유발하는 호르몬은 15초 이내에 피크에 도달하고 이후 서서히 분해된다고 한다. 30초만 참아도 분노는 누그러진다. 화가 나는 순간, 즉시 60초 동안 심호흡을 하자. 화가 나는 나를 인정하고 분노가 치솟는 순간, 잠시 자리를 피하자. 또한 화도 병이라는 사실을 인지해야 한다. 화를 참으면 화병이 생기고, 화를 내다보면 분노조절장애가 생긴다. 화를 내는 것도 참는 것도 결국 병을 초래할 수 있다. 요즘엔 주변에서 화를 참고 누르는 경우를 많이 보았다. 심할 경우 모든 감정이 무뎌지며 희로애락을 느끼지 못하는 상황에 이를 수도 있다.

유대교 랍비 벤 조마Ben Zoma는 '화를 조절할 수 있는 자는 힘 센 자보다 낫고, 자신의 감정을 다스릴 수 있는 자는 도시의 정복자보다 낫다'고 했다. 자신에게 맞는 '화를 조절하고 다스리는 방법'을 찾아내 화가 나는 순간이 오더라도 지혜롭게 대처할 수 있도록 하자.

이야기가 있는 3분 스피치 5. 화를 다스리는 법

나는 화를 잘 내는 사람인가요? 아니면 주로 참는 편인가요? 내가 화가 나는 이유는 주로 무엇인가요? 그리고 내가 화를 다스리는 방법에 대해 이야기해주세요. 앞으로 사용하고 싶은 방법에 대해 말씀해주셔도 좋습니다.

〈스피치 개요서〉

서론 청중을 낚아라	
본론 주제를 튼튼히 뒷받침하라	
결론 여운을 남겨라	

3분 스피치 예문: 화를 다스리는 나만의 방법

안녕하십니까? ○○○입니다. 이야기가 있는 3분 스피치, 오늘은 화를 대하는 태도에 대해서 발표하는 것인데요. 주제에 나와 있는 첫 번째 질문, '나는 화를 잘 내는 사람인가요, 아니면 화를 참는 편인가요?'에 대해서 제가 화를 잘 내는 사람인지 한 번 생각해보았습니다.

결론부터 말씀드리면 저는 화를 참기보다는 주로 잘 내는 편인 것 같습니다. 제가 화를 내서 주변에 상처를 받거나 그런 사람이 많아서 화를 잘 내는 사람이 맞는 것 같고요. 제가 왜 화를 잘 내느냐는 생각을 해보았는데 성격인 것 같아요. 성격이라는 게 제 성격이 형성되는 데 여러 가지 요인이 있었겠지만 좀 거친 환경에서 자란 게 원인이 아닌가 생각을 해봤습니다. 제가 집안에 온통 남자들만 있는 집안의 제일 큰형이거든요. 집안 분위기가 아무래도 거칠고 그런 환경에서 자란 것도 원인인 것 같습니다. 그리고 또 성격적으로 독선적인 면도 있는 것 같아요. 제 주장이 강한 거죠.

게다가 화를 낼 때 말투나 표현 방법이 부드럽지 않다 보니 상대가 느끼기에는 '저 사람 화 많이 났구나' 이렇게 느끼는 게 많았어요. 지금은 제 상태를 잘 알기 때문에 스스로 화를 안 내려는 노력을 많이 하고 있습니다. 그러한 노력은 두 가지인데요.

제가 화가 났을 때 평상시 컨디션이 안 좋을 때 화를 낼 확률이 높거든요. 그래서 한 번씩 스트레스 받을 때 다양한 운동을 하면서 평소에 스트레스 관리를 하고 있습니다.

두 번째로 화가 나는 상황이 왔을 때 좀 객관화해 보려고 합니다. 지금 내가 화를 내야 할 상황인가 화를 내는 게 나한테 도움이 되나, 라는 생각을 좀 많이 해서 '현실적으로 아무 도움이 안 되는구나'라는 판단이 되면 화를 잘 안 내려고 하고 그렇게 화에 대한 관리를 하고 있습니다.

사실 화를 더 내봤자 결국엔 문제 해결도 안 되고 화를 낸 나만 더 힘들어지는 상황이 발생하기 때문에 주로 제가 쓰는 방법이 평상시 스트레스 관리를 하는 것입니다. 또한 화가 난 상황이 발생했을 때 사실을 객관화하는, 그런 방법으로 제가 화를 대하는 것 같다고 나름 생각해봤습니다. 감사합니다.

3분 스피치 예문: 화를 다스리는 방법

안녕하십니까? ○○○입니다. 저의 화를 다스리는 방법에 대해서 소개해드리겠습니다. 여러분은 화를 잘 내시는 편인가요? 예전에 자신의 힘이 세계 제일이라고 생각하는 헤라클레스 Heracles가 있었습니다. 그가 어느 날 길을 걷던 중 자신 앞에 사과만한 물건이 떨어져 있었어요. 그걸 툭 하고 찼더니 크기가 점점 커져서 나중에는 자기가 가는 길을 막게 되었습니다. 그때 아테네Athena 여신이 나타나 웃으면서 아름다운 노래를 불러주었더니 그 물건이 점점 작아져서 원래의 크기로 돌아왔습니다.

제가 이 이야기를 하는 이유는 저 또한 그런 적이 있기 때문입니다. 저는 화를 많이 내는 편은 아닌데요. 한 번 화가 나면 화를 주체하지 못하고 점점 커지더라고요. 이럴 때는 화를 조금만 내면 되는데 계속 생각하다가 점점 목소리가 커지면서 심장이 벌렁거리고 결국에는 아악! 이러면서 술을 마십니다.

술도 처음에는 '오늘은 술을 안 마셔야지' 했다가 술을 먹는 경우가 많고 술을 먹기 시작하면 '나는 화가 났으니까 좀 더 먹고 더 풀어야 해' 하고 많이 마시고 나면 그다음 날 또 기분이 안 좋습니다. 그렇게 후회한 적이 많기 때문에 될 수 있으면 화를 다스려야겠다고 생각을 합니다. 지금 요즘에 제가 화를 다스리는 방법은 세 가지가 있는데요. 첫 번째는 혼자서 중얼거리는 것입니다. 예전에는 꾹꾹 눌렀거든요. 말을 하지 않고 가만히 있었는데 요즘에는 혼자서 계속 중얼거려요. 그러니까 기분이 좀 좋아지더라고요.

두 번째는 쇼핑하는 것인데요. 물론 밖에 나가서 물건을 사고 싶은 마음은 금쪽같지만 지금 상황에선 그러지 못하니까 아이쇼핑을 하면서 장바구니에 담고 담아서 '아, 오늘 많이 샀다 30

만 원 어치' 하면서 계속 장바구니에 담습니다. 그러면서 언젠가는 장바구니에 담긴 물건 하나는 사야겠다고 생각하면 기분이 좋아집니다. 그리고 마지막으로 맛있는 것을 먹는 것인데요. 요즘에는 맛있는 음식이 많지는 않지만 그래도 제가 매운 음식을 좋아하기 때문에 매운 음식을 먹고 나면 좀 기분이 좋아지는 걸 느끼고 '아, 이렇게 행복한 세상이 여기 또 있었나' 하는 생각이 듭니다. 이 세 가지를 가지고 저는 화를 다스립니다. 지금까지 저는 화를 어떻게 다스리는지에 대한 이야기를 해보았습니다. 감사합니다.

〈3분 스피치 6. 나에게 힘을 주는 말〉

36년간 노스캐롤라이나대학의 지휘봉을 잡았던 딘 스미스Dean Smith는 농구 황제 마이클 조던Michael Jordan의 은사로 잘 알려져 있다. 조던은 스미스를 '제2의 아버지'라 부를 정도로 믿고 의지했다. 조던이 스미스 감독을 아버지처럼 따랐던 이유는 무엇일까? 스미스가 조던에게 보여주었던 믿음 때문이었을 것이다. 스미스는 조던을 데려오기 위해 그가 사는 윌밍턴까지 직접 찾아가는 열의를 보였고 훌륭한 농구선수이기 이전에 바른 사람이 될 수 있도록 최선의 교육을 하겠다고 조던의 부모님을 설득했다. 그리고 조던에게는 이런 말을 건넸다. "우리 팀이 꼭 필요로 하는 선수가 바로 너야"라고. "그 말 한마디에 내 인생은 바뀌었다"라며 조던은 스미스 감독과의 첫 만남을 회상한 바 있다.

"할 수 있다." 남자 펜싱 국가대표 박상영의 이 혼잣말은 2016년 한국 스포츠를 상징하는 한 장면이 됐다. 리우올림픽 당시 그가 내뱉은 이 말 한마디에 국민들은 큰 위로를 받았다. 세계 21위였던 박상영은 결승전에서 세계 3위 임레 게저Imre Géza에게 10-14로 끌려갔다. 모두가 포기하던 그때 박상영은 "할 수 있다"를 반복해 되뇌었다. 혼잣말로 한 다짐이 입 밖으로 튀어나왔다. 다짐은 예언처럼 기적을 일으켰다. 마지막 47초 동안 내리 5점을 뽑은 박상영이 15-14로 역전 우승한 것이다. 그는 "희망이 보이지 않았지만 포기하지 않았다. '할 수 있다'고 주문을 걸었더니 조금씩 가능성이 생겼다"고 말했다.

오페라 테너 조용갑은 원래 프로 권투선수였다. 어부의 아들로 태어나 어린 시절을 보냈고 피아노는 스무 살에 교회에서 처음 배웠다. 그런 그가 이탈리아 산타체칠리아국립음악원 Conservatorio di Musica Santa Cecilia을 졸업했다. 세계적인 소프라노 조수미, 알도 클레멘티Aldo Clementi 등이 졸업한 명문이다. 그의 산타체칠리아국립음악원 합격 비결을 들어보자.

그는 이탈리아 유학을 떠나기 전 유명 성악가를 찾아가 '과연 제가 이탈리아에 가서 성악가로 성공할 수 있을까요'라고 물었다고 한다. 그는 '파바로티Pavarotti보다 더 괜찮은 소리를 가졌다'고 했다. 이 말을 믿고 남들이 선택하지 않는 어려운 곡을 수백 번 불러 완벽하게 연습해 좋은 결과를 얻을 수 있었다. 나중에 알고 보니 '파바로티보다 더 괜찮은 소리를 가졌다'는 칭찬은 모든 제자에게 격려차 하는 이야기였다. 그래도 그 이야기가 유학생활을 할 때 큰 힘이 됐다고 말했다.

> 이야기가 있는 3분 스피치 6. 나에게 힘을 주는 말은 무엇인가요?
>
> 그 말이 갖는 의미를/그 말을 다른 사람에게 듣기를 원하나요? 아니면 스스로 해줄 때 힘이 날까요? 어떠한 상황(구체적)에서 그러한 말을 할 때 힘이 날까요?

〈스피치 개요서〉

서론 청중을 낚아라	
본론 주제를 튼튼히 뒷받침하라	
결론 여운을 남겨라	

3분 스피치 예문: 나를 멈추지 않게 하는 말

안녕하세요. ○○○입니다. 저는 '나를 멈추지 않게 하는 말'에 대해 발표하려고 합니다. 여러분은 힘이 들 때 힘이 생기는 좋은 생각이나 말씀을 하시는 편인가요? 아니면 아무 생각을 하지 않고 그냥 넘기려고 하시나요? 저는 힘이 들 때마다 하는 반복된 패턴이 있는데요. 나를 힘들게 하는 원인을 파악해 보고 결론적으로 어떤 말을 붙이는 것입니다.

우선 힘이 들거나 '힘들다, 그만하고 싶다' 이런 생각이 들 때는 힘든 상황이 어떻게 힘든 것인지 스스로 한번 말해봅니다. 상황을 제 나름대로 되새김질해 보는 것이죠. 그리고 뒤에 문장 하나를 붙여요. '하지만 할 만해'라는 말입니다. 이런 말은 스스로 당근이 될 때가 있고 채찍이 될 때가 있습니다. '당근이 될 때'는 정말 힘들어서 계속하기 힘들다, 더 움직일 기운이 없다고 할 때이고, '하지만 할 만해'는 '아직은 좀 더 할 수 있다'라는 긍정적인 말이 되고, 또 다른 상황에서 '나는 이만큼 했으니까 충분해. 여기까지만 하자'라는 생각이 들 때, '하지만 할 만해'를 붙이면 '네가 정말 할 수 없는 일을 했다면 네가 이렇게 편안하게 서 있을 수가 없을 것이다. 그러니까 더 할 수 있다'라고 하면서 자신을 다그치는 말이 될 때가 있습니다.

이렇게 '하지만 할 만해'라는 말이 마법이 되는 것 같고 만능인 말인 것 같지만 이 말을 계속하다가 깨달은 것이 있습니다. 이 말이 가장 효과를 많이 낼 때가 언제인지를요. 그냥 '하지만 할 만해'를 붙이는 것보다 내가 왜 힘든지 어디에서 타협하려고 하는지 스스로 솔직히 털어놓고 말한 다음에 '하지만 할 만해'라고 말하는 것이 더 효과적이라는 것을 경험으로 깨달았습니다. 감사합니다.

3분 스피치 예문: 나에게 힘을 주는 말

안녕하십니까. ○○○입니다. 오늘 저는 나에게 힘을 주는 말에 대해서 이야기해 보도록 하겠습니다. 저는 인스타그램을 하다가 어느 날 제 맘에 들어오는 한 문구를 발견했습니다. 여러분 이하늬 아시죠? 이하늬의 인스타그램에 이런 말이 있었습니다. '죽을 때 생각날 거 아니면 됐어. 지나갈 뿐이야.' 저는 오늘 이 주제를 받고 이 말이 생각났습니다. 이 말의 의미를 제가 생각해 보면 그때그때 생기는 사소한 감정과 생각들이 있습니다. 근데 그 순간에는 마치 전부인 듯 보이지만 그 순간을 지나 보면 별거 아닌 일도 있습니다. 그래서 '조금 소모적이거나 중요치 않은 사소한 것들은 적당히 생략하고 스스로 더 중요한 것을 신경을 쓰자'라는 말이라고 생각합니다.

제가 힘들어하는 부분은 타인의 시선을 필요 이상으로 신경

쓸 때, 예를 들면 길거리를 지나갈 때 바닥을 보고 간다던가 아니면 발표를 해야 하는데 다른 사람들의 시선이 두려운 것, 이런 일들이 힘듭니다. 그리고 직장에서는 애들이 속을 썩일 때 그럴 때 힘이 드는 데 힘이 들 때마다 이 말을 생각하면 저는 힘이 납니다.

예를 들면 길을 지나갈 때 조금 움츠리고 갈 때 다른 사람들을 신경 쓰지 않기 위해서 이 말을 혼자 되뇌어 봅니다. 이렇게 속으로 하면 어깨도 펴지고 다른 사람들을 덜 신경 쓰게 됩니다. 그리고 아침에 애들이 자기 할 일을 하지 않고 놀 때가 있습니다. 예를 들면 아침 활동인 독서를 할 때 그러지 않고 축구를 하러 나가버리거나 이럴 때 저는 부글부글 화가 납니다. 그럴 때 다시 이 말을 되뇌어요. 이렇게 하면 '어, 생각해보면 애들한테는 독서보다 지금 축구 경기를 하면서 친구랑 즐거운 게 오히려 더 좋은 가치일 수 있겠다'라는 생각을 합니다. 그래서 이 문구가 저에게는 힘이 많이 됩니다.

여러분도 여러분을 압박하거나 소외시키는 사소한 생각과 관점을 이 문구를 통해서 여러분을 편하게 힘이 되게 할 수 있었으면 좋겠습니다. 감사합니다.

3분 스피치 예문: 나에게 힘을 주는 말

안녕하십니까? ○○○입니다. 저는 나에게 힘을 주는 말에 대해서 말씀드리겠습니다. 박상영의 금메달은 끝까지 포기하지 않기, 가능성, 희망이라는 뜻을 내포하는 것인데요. 저도 제 인생에 힘을 주는 말이 있습니다. 이 말은 세계적인 리더십 전문가 존 맥스웰John Maxwell이 한 말인데요. '내 인생에 속도는 중요하지 않다. 나만의 속도로 천천히 가라'는 말입니다.

여러분 혹시 직장에서 진급이 누락되거나 원하는 자리로 이동하지 못할 때 어떤 생각을 하셨나요? 이런 생각해 보신 적 있나요? 학벌이 안 좋아서 그런 거다, 지연 때문에 또 밀렸다 등 외부 요인 때문이라는 생각 말입니다.

저는 한때 그런 생각을 많이 했었어요. 그런데 그런 일이 반복되는 과정에서 존 맥스웰의 리더십 책을 보고 느낀 것이 있었어요. '내 인생의 속도는 중요하지 않은 거라고 언젠가는 되긴 되겠지만, 안 되는 속도를 탓하지 말고 내가 부족한 것을 되돌아보고 노력하는 마음을 가지면 언젠가는 이루어질 것이다'라는 깨달음을 얻었습니다. 그래서 요즘에는 그런 생각을 하면서 살고 있습니다.

최근에도 그런 일이 한 번 있었는데 학연이나 지연 그런 생각을 하지 않고 '내가 능력이 부족했기 때문에 그런 것이다' 하면서 더 노력하려고 합니다. 요즘 제 카카오톡 프로필에는 '내 인생에 속도는 중요하지 않다. 나만의 속도로 꾸준히 갈 것이다'라는 말을 적어놓았는데요. 이 말은 스피치에도 통하는 것 같습니다.

처음에 스피치 공부를 시작했을 땐 내 마음처럼 안 돼서 포기하려고 많이 생각했었는데요. 포기하지 않고 노력하다 보니 제가 만족할 만한 수준으로 올라왔다고 생각합니다. 40년, 50년 자신의 몸에 밴 습관을 한 번에 고치는 것이 힘들다는 것을 다들 알고 계시잖아요.

여러분도 진급이 누락되거나 스피치가 잘 안 될 때 좌절하지 마시고 자신을 되돌아보는 기회를 가져서 발전의 기회로 삼으면 다시금 좋은 기회가 올 거라고 믿습니다. 오늘 저는 저에게 힘을 주는 말, '내 인생에 속도는 중요하지 않다. 나만의 속도로 꾸준히 갈 것이다'에 대해서 말씀드렸습니다. 감사합니다.

〈3분 스피치 7. 행복의 조건〉

"오늘도 거뜬하게 잠자리에서 일어날 수 있어서 감사합니다. 유난히 눈부시고 파란 하늘을 보게 해주셔서 감사합니다. 점심때 맛있는 스파게티를 먹게 해주셔서 감사합니다. 얄미운 짓을 한 동료에게 화내지 않았던 저의 참을성에 감사합니다. 좋은 책을 읽었는데 그 책을 써준 작가에게 감사합니다." 토크쇼의 여왕 오프라 윈프리가 자신의 감사일기에 적은 것들이다. 윈프리는 잠자리에 들기 전 하루 동안 있었던 일들 가운데 고마운 것들 다섯 가지를 적는다고 알려져 있다. 불우한 어린 시절을 보낸 그는 감사일기를 통해 인생의 소중함과 희망을 갖게 되었고 행복한 하루하루를 만들기 위해 노력하게 되었다. 그런가 하면 고대 그리스의 철학자 플라톤Plato은 행복의 다섯 가지 조건을 다음과 같이 말했다.

첫째, 먹고, 입고 살기에 조금은 부족한 듯한 재산
둘째, 모든 사람이 칭찬하기에는 약간 부족한 외모
셋째, 자신이 생각하는 것의 반밖에 인정받지 못하는 명예
넷째, 남과 겨루어 한 사람은 이겨도 또 한 사람에게는 질 정도의 체력
다섯째, 연설했을 때 듣는 사람의 절반은 손뼉을 치는 말솜씨

"나는 사람들과 함께 살기를 원하며 만일 내가 혼자 살게 된다면 고립됐다고 느낄 것이고 이는 나에게 전혀 좋지 않을 것이다." 프란치스코 교황의 이 말을 듣고 행복의 조건을 떠올려 보

았다. 프란치스코 교황은 다음과 같이 행복 10계명을 제시했다.

1. 내 방식의 삶을 살되, 타인도 자신의 삶을 살게 두자
2. 마음을 타인에게 열자
3. 조용히 전진하자
4. 삶에 여유를 찾자(식사 때 TV 끄기 등)
5. 일요일은 가족과 함께 쉬자
6. 젊은 세대에 가치 있는 일자리를 만들어줄 혁신적 방법을 찾자
7. 자연을 존중하고 돌보자
8. 부정적 태도를 버리자
9. 개종시키려 하지 말자
10. 평화를 위해 행동하자

프란치스코 교황이 제시한 행복의 비결이 다소 와 닿지 않는다면 쉬운 방법 한 가지를 소개한다. 한 연구에서 사람들에게 다음과 같이 물었다. 지금 얼마나 행복합니까? 지금 무엇을 하고 있습니까? 지금 하는 일과 상관없는 딴생각을 하고 있습니까?

세 가지 질문에 대한 사람들의 응답을 분석한 결과 사람들은 현재 무엇을 하고 있든지 상관없이, 딴생각을 하고 있지 않을 때

행복감을 더 크게 느끼는 것으로 나타났다. 지금 하는 일에 몰입하고 있을 때 가장 행복하다는 것이다. 당신은 지금 하는 일, 상황, 사람에 몰입하고 있는가?

> 이야기가 있는 3분 스피치 7. 행복해지기 위해서는 어떠한 노력을 해야 할 것인가?
>
> 그러한 상황을 현실화하기 위해서는 어떠한 노력을 누구와 함께할지 그림을 그려주세요. (가족, 돈 같은 명사화된 단순 설명이 아닌, 구체적으로 어떠한 상황일 때 행복한지에 대해 묘사해주세요)

〈스피치 개요서〉

서론 청중을 낚아라	
본론 주제를 튼튼히 뒷받침하라	
결론 여운을 남겨라	

3분 스피치 예문: 행복의 조건

안녕하세요, ○○○입니다. 저는 행복의 조건이라는 주제로 말씀드리겠습니다. 저는 행복이라는 것을 소소한 것에서 많이 느낍니다. 아침에 눈 뜨고 일어났을 때 하루의 스케줄이 있잖아요. 하루의 스케줄이 원만하게 이루어졌을 때는 저녁에 '오늘 참 보람차고 행복한 하루'였다고 정리합니다.

이렇게 저는 하루가 끝날 때쯤 하루의 행복이 결정된다고 생각합니다. 그런데 하루가 끝나고 내가 누웠을 때 내가 편하게 누울 수 있는가 아니면 좀 불안해하면서 누울 수 있는가를 결정해 주는 요소가 있다고 생각하는데요. 그것은 바로 성취감입니다. 저는 성취라는 요소가 하루를 좋게 보냈다고 스스로 다짐할 수 있게 만들어준다고 생각합니다. 여기서 말하는 성취는 크게 일을 완수했다는 그런 게 아니라, 오늘 할 일이 있거나 할 수 있는 일이 있는데 그것을 오늘 해냈다는 것입니다.

크게 보면 과업을 해결하거나 프로젝트를 완료하는 것도 성취감이고 작게 보면 오늘 책 읽어야지 했는데 10페이지라도 읽었을 때의 느낌도 다 성취로 생각합니다. 이런 성취를 추구하지 못했을 때는 잠자리에 누울 때 아까 처음에 말한 것처럼 불안감이 느껴져요. '내가 오늘 할 일을 안 했는데 이걸 결국은 언젠간 해야 하는데 내일은 또 내일 할 일이 있는데 어떻게 하지' 하고 걱정합니다. 할 일을 안 하면 할 일이 점점 눈덩이처럼 쌓이거든요. 그런데 오늘 조금이라도 하면 '오늘 했으니까 내일도 할 수 있겠지' 하고 편하게 잠들 수 있습니다.

그래서 저는 성취감 있는 행복을 추구하기 위해 만년 달력을 활용하고 있는데요. 하루에 할 일을 했다고 생각하면 하루를 넘기고 못 하면 안 넘기는 것입니다. 월말쯤 되어 15정도가 돼 있으면 '적어도 이틀에 한 번 했구나! 다음 달에는 더 좋아지겠구나' 하면서 하다 보면 언젠가는 한 달을 맞출 수 있다고 생각합니다.

결국 오늘 편하게 잠자리에 들기 위해서는, 오늘 할 일을 오늘 해서 내일 할 일이 쌓인 게 없으니까 문턱이 낮아지고 다음에 자기 성취도 더 쉽게 할 수 있다고 생각합니다. 이런 방법이 결국은 행복의 방법이 되고 인생이 행복해진다고 생각합니다.

3분 스피치 예문: 행복의 조건

안녕하세요, ○○○입니다. 반갑습니다. 저는 오늘 행복의 조건이라는 주제를 가지고 여러분들과 얘기를 해보려고 하는데요, 여기 나와 있는 행복의 조건들이 딱 읽어봤는데 행복의 조건이 아니라 행복해지기 위한 행동지침? 행동강령? 이런 걸 써놓은 것 같아요. 쭉 다 읽어봤는데 감당할 수 없는 내용도 많더라고요. 평화를 위해 행동하자. 어쩌자는 건지. 입대할 수도 없고.

쭉 한번 읽어보면서 저한테 와 닿은 문구가 하나 있었는데 바로 '삶의 여유를 찾자'라는 이 내용이 마음에 들었어요. 왜냐하면 제가 요즘 몇 년째 삶의 여유가 너무 없는 것 같아요. 오늘도 좀 늦었던 이유가 조금 전에 다른 학원을 다녀오느라 그랬거든요. 생각해보니 제가 지금 다니고 있는 학원이 두 개, 하는 운동이 세 개더라고요. 일주일 내내 일과 후 학원과 운동을 다니니까 정말 삶의 여유가 하나도 없는 것 같습니다.

그리고 여기 나와 있는 행복의 조건은 너무 이상적이라는 생각이 들었어요. 보통 사람들이 얘기하는 행복의 조건은 일반적으로 돈, 명예잖아요. 무시할 수 없죠. 그런데 돈과 명예를 좇다 보면 인간관계가 엉망이 되고 가족관계는 다 망가지고 이런 게 일반적인 모습이잖아요. 저는 사실 돈과 명예가 더 옳은 건지 아니면 그걸 다 포기하고 가족, 사랑, 우정, 인간관계 이런 것들을 선택해야 하는지 정말 잘 모르겠어요.

그렇지만 행복해지기 위해서 일단은 뭐가 옳은지 판단할 여유를 가졌으면 좋겠어요. 저는 우선 여유가 없는 것 같아서 저한테 필요한 행복의 조건은 일단은 뭐가 행복인지를 고민할 시간을 갖는 것, 그게 급선무인 것 같고 그러기 위해서는 제가 지금 하는 여러 가지 일들을 가지치기해서 쳐내야 할 것 같아요. 오늘 주제는 그런 생각을 하게 되는 글인 것 같습니다.

여러분도 이것저것 하는 것들이 많으실 텐데 너무 많이 하지 마시고 그것 때문에 놓치게 되는 건 없는지 다시 한 번 고민해 보는 시간을 가지셨으면 좋겠습니다. 감사합니다.

〈3분 스피치 8. 나의 생활신조, 신념〉

2002년 영국의 공영방송 BBC는 시청자 100만 명을 대상으로 영국 역사상 가장 위대한 영국인을 물었다. 셰익스피어 Shakespeare, 다윈Darwin, 뉴턴Newton 등이 후보에 올랐는데 1위에 오른 인물은 윈스턴 처칠Winston Churchill이었다. 가장 위대한 영국인으로 처칠을 뽑은 영국인들은 그의 위대한 점으로 리더십을 꼽았다. 그의 리더십은 어디에서 나온 것이었을까? 바로 자신에 대한 믿음에서 출발했다. 처칠이 옥스퍼드대학에서 졸업식 축사를 하였을 때의 일이다. 청중들의 환호 속에 처칠이 등장했고 그는 천천히 모두를 둘러본 뒤 말했다.

"포기하라 마라." 청중들은 곧 이어질 멋진 연설을 기대했다. 그는 다시 한 번 힘주어 말했다. "포기하지 마라. 절대로 포기하지 마라." 그리고 연단에서 내려왔다. 어찌 보면 이것은 처칠 자신의 신념을 다른 이들에게 전달한 것으로 볼 수 있다. '포기하지 마라'는 자신에게 던지는 메시지였다. 어린 시절 처칠은 말을 더듬었고 발음도 분명하지 않았다. 특히 책을 읽을 때면 처칠의 말더듬은 더욱 심해져 친구들의 놀림을 받았다. 하지만 처칠은 포기하지 않았다. 거울을 보며 입 모양을 확인하며 책을 또박또박 읽는 훈련을 했고 이후 고대 로마의 노래를 더듬지 않고 완벽한 발음으로 암송하게 된다.

이후 처칠은 육군사관학교에 입학하려고 했지만 두 번이나 낙방하게 되면서 좌절하고 낙심하게 되었다. 이때 처칠의 아버지가 그에게 해준 말은 다시금 도전할 수 있는 도화선이 된다. "이번에도 실패했다고 다음에도 실패하란 법은 없다. 하지만 지금 포기하면 넌 성공할 기회를 잃어버리겠지. 네가 포기하는 순간 넌 실패자로 남는 거야." 이에 처칠은 마지막이라고 생각하고 다시 시험을 준비해 삼수 끝에 육군사관학교에 입학하게 된다. 이렇듯 어떠한 상황에서도 포기하지 않았고 직접 나서서 행동하는 모습을 보여주었던 덕분에 영국 국민들의 존경과 사랑을 받을 수 있었다.

미국의 철강왕 앤드류 카네기의 이야기로 넘어가 보자. 카네기는 젊은 시절 세일즈맨으로 이집 저집을 방문하며 물건을 팔러 다녔다. 어느 날 한 노인 댁을 방문하게 되었는데, 그 집에 들어서자마자 카네기를 완전히 압도해버린 것이 있었다. 그것은 집의 벽 한가운데 걸린 그림이었다. 그 그림은 황량해 보이기까지 한 쓸쓸한 해변에, 초라한 나룻배 한 척과 낡아 빠진 노가 썰물에 밀려 흰 백사장에 제멋대로 널려있는 그림이었다. 그림 하단에는 '반드시 밀물 때가 온다'라는 짧은 글귀가 적혀 있었다.

카네기는 그림과 글귀에 크게 감명을 받은 나머지, 집에서도 그림이 떠올라 잠을 이룰 수 없었다. 그래서 다시 노인 댁에 찾아가 노인에게 부탁하기를, 세상을 떠나실 때는 그 그림을 자신에게 꼭 달라고 간곡히 부탁하였다. 카네기의 간절한 부탁은 받아들여져 결국 노인은 그림을 카네기에게 주었는데, 카네기는 사무실 한가운데에 그림을 일생 걸어놓았다. '반드시 밀물 때가 온다'는 메시지와 함께 그 그림은 카네기의 일생을 좌우한 굳건한 신조가 되었다.

이야기가 있는 3분 스피치 8. 생활신조, 나의 중요한 가치

여러분의 생활신조(중요한 가치)는 무엇인가요? 언제, 어떠한 계기로 그 신조를 가슴 속에 새기게 되었나요? 그 신조를 가슴 속에 새긴 이후 달라진 점은 무엇인가요?

〈스피치 개요서〉

서론 청중을 낚아라	
본론 주제를 튼튼히 뒷받침하라	
결론 여운을 남겨라	

3분 스피치 예문: 모든 변화는 나로부터

안녕하세요. ○○○입니다. 여러분은 자신의 마음대로 되지 않아서 불편했던 적이 있으신가요. 혹은 그런 것들로 인해 좌절하거나 포기한 적이 있으신가요? 저도 과거에는 많이 있었는데요, 많은 좌절을 극복할 수 있게 해준 책이 있었고 그 책에 있던 묘비의 내용이 제 신조가 되었습니다. 그 책은 군대에서 나누어준 책이었는데요, 군대에서 읽어서인지 더 와 닿았던 것 같습니다.

그 내용은 좀 긴데 소개해 드리겠습니다. 웨스트민스터 대성당 지하 묘지에 이런 글이 적혀 있다고 합니다. '내가 젊었을 때 나의 꿈엔 한계가 없고 상상력이 있었을 때 나는 세상을 바꾸려고 했다. 하지만 그러지 못했다. 그래서 나는 시야를 조금 좁혀 나의 나라를 바꾸려고 했다. 하지만 역시 그러지 못했다. 그리고 시간이 많이 지나 나는 마지막으로 나의 가정을 바꾸려고 했다. 하지만 역시 그러지 못했다. 그러고 내가 이제 죽을 때가 되어서 이제 깨닫는다. 만약 내가 변했다면 나로 인해 나의 가정이 변했을 텐데. 그랬다면 나의 가정으로 인해 마을이 변하고 혹시라도 그로 인해 우리나라도 변할 수가 있었을 텐데'라고 깨달았다는 내용이었습니다.

저는 과거에는 저에게 주어진 상황에 따라 많이 휘둘리고 포기하고 단념했었지만 그 글에 감명을 받고 생활신조로 삼으면서 달라졌습니다. 어떠한 상황이 닥치면 내가 할 수 있는 일과 없는 일, 선택할 수 있는 것과 없는 것이 구분되더라고요. 그래서 예전에는 못 봤던 기회가 보이고 그것을 선택할 수 있게 됐습니다. 그리고 저를 표현하는 방법이 약간 바뀌었는데요. '나는 이걸 못한다. 나는 발표를 못 해'라고 했는데 이제는 설사 그렇다고 하더라도 '나는 지금은 발표를 못 해. 하지만 언제까지나 지금이다. 내가 변하려고 하면 변할 수 있는 부분이다'라고 생각하게 되었습니다.

가끔 '세상이 나한테 해줄 수 있는 게 뭐가 있어'라고 포기하는 분들에게 물어보고 싶은 게 있습니다. 그분에게 당신이 세상에서 스스로 바꿀 수 있는 것은 무엇이 있는지 그리고 그것을 바꾸기 위해 무엇부터 변화시켜야 하는지를 알고 있는지 한번 물어보고 싶습니다. 감사합니다.

3분 스피치 예문: 내적 동기는 나를 움직이게 하는 힘이다

안녕하십니까? 저는 오늘 '내적 동기는 나를 움직이게 하는 힘이다'에 대해서 발표를 하겠습니다. 제가 책에서 보고 큰 감명을 받았고 이후로 내적 동기는 저를 움직이게 하는 단어가 되었습니다. 여러분 혹시 미켈란젤로의 동기라는 것을 아십니까? 미켈란젤로의 동기는 내적 동기라고 해서 보상이나 외부 자극에 의해서 하는 동기가 아니라 스스로 어떤 과제를 성취하는 그런 동기를 말합니다.

미켈란젤로가 교황의 명령에 따라 한 600㎡ 단위의 성당에 벽화를 그리게 되는데 이것이 유명한 '천지창조'입니다. '천지창조'를 완성하기 위해 4년 동안 문을 닫고 그림을 그렸답니다. 그런데 어느 날 친구가 찾아와 성당의 한쪽 구석에서 위태롭게 그리고 있는 미켈란젤로에게 질문했대요. "자네는 누가 알아주지도 않는데 자세하게 그림을 그리고 있나"라고 했는데 미켈란젤로가 무심하게 "내가 안다네"라고 했습니다.

그러니까 어떠한 보상이나 평가에 의한 것이 아니라 자기가 좋아서 한다는 거죠. 저도 3년 동안 계속 문화유산을 배우다 보니 주위에서 6개월만 하면 됐지, 더 배울 거냐고 남들이 알아주지도 않는데 뭐 하러 배우냐고 하는데 저는 그럴 때마다 '제가 좋아서 한다'라고 했습니다. 저는 제 내적 동기에 의해 공부를 하고 있거든요.

업무도 마찬가지인 것 같아요. 자신의 내적 동기가 있으면 생명력이 길어지고 일하는 것도 즐거운데, 보상이나 외부평가를 따르다 보면 실패할 경우 아주 절망적으로 되는 것 같습니다. 저는 앞으로도 어떠한 일을 하든지 내적 동기에 의해서 하는 일을 많이 찾아보려고 해보겠습니다.

여러분도 미켈란젤로의 내적 동기에 같이 한 번 공감하셔서 앞으로 살아가시는 데 도움이 됐으면 합니다. 저는 지금까지 '내적 동기는 나를 움직이게 하는 힘이다'에 대해서 말씀 드렸습니다. 감사합니다.

〈3분 스피치 9. 나의 친구를 소개합니다〉

서스펜스의 대가 알프레드 히치콕Alfred Hitchcock 감독은 생전에 자신은 영화 촬영을 할 때에, 오직 네 명에게만 조언을 구한다고 전한 바가 있다. 각본가, 편집자, 그리고 자신의 딸의 엄마, 부엌에서 일하는 사람이라고 하는데 이 네 명이 사실은 한 사람인 부인 알마 레빌Alma Reville이다. 히치콕은 영화적인 감각이 뛰어난 알마에게 많은 도움을 받았다. 특히 특히 영화 〈싸이코Psycho〉를 제작할 당시 히치콕은 영화가 너무 잔인하고 엽기적이라는 이유로 많은 영화사로부터 외면을 받았다. 하지만 알마는 '집의 전 재산을 써도 좋다. 영화가 성공할 것이기 때문이다'라고 남편 히치콕에게 확신을 줬고 전폭적인 지원을 아끼지 않았다. 이후 〈싸이코〉는 1500만 달러의 수입을 거뒀고 아카데미 감독상, 여우조연상, 촬영상 등 갖가지 상을 휩쓸었다. 또 대작으로 호평을 받으며 아직도 많은 영화인의 사랑을 받고 있다.

히치콕이 그의 영화에 출연했던 배우에게 했던 최대의 칭찬이 '방금 연기, 알마가 굉장히 마음에 들어 했다'라고 했을 정도로 아내의 의견을 신뢰했다고 한다. 히치콕에게는 알마가 동반자이자 친구이자, 조언을 구하는 멘토였다.

빌 게이츠는 워런 버핏과의 오랜 우정을 유지하고 있다. 빌 게이츠의 사무실 전화에는 단축번호가 두 개이다. 하나는 집 번호, 다른 하나는 워런 버핏 버크셔해서웨이 회장의 번호다. 그는 버핏과 처음 만난 날을 잊지 못한다. 버핏이 그와 아내의 삶을 모든 면에서 좋게 바꿔놓았기 때문이다.

게이츠는 처음에는 버핏을 만나려고 하지 않았다. '그 사람은 종잇조각을 사고파는 사람인데 그건 진짜 부가가치를 만드는 게 아니다'라며 '우린 공통점이 별로 없는 것 같다'며 버핏과의 만남에 부정적이었다. 하지만 첫 만남에서 게이츠는 버핏의 현명함과 겸손함에 깊은 존경심을 느꼈다고 말했다.

버핏은 25살이나 어린 게이츠를 격의 없이 대하면서 날카로운 질문으로 그를 감탄하게 했다. 두 사람은 초면부터 시간 가는 줄 모르고 많은 대화를 나누며 우정을 키웠다. 이후 두 사람의 우정은 부호들의 자선사업 재단인 '기부 서약'으로 이어졌다. 게이츠는 버핏을 '아버지 같은 존재'라고 칭하며 '버핏처럼 사려

깊고 친절한 친구를 둔 것은 행운'이라고 말했다.

이야기가 있는 3분 스피치 9. 나의 친구를 소개합니다

언제, 어디에서, 어떻게 만난 친구인가요? 그 친구의 장점 2~3가지를 설명하고 그 친구의 좋은 점으로 인해 내가 무엇을 배우고 바뀌었는가를 이야기해주세요.

〈스피치 개요서〉

서론 청중을 낚아라	
본론 주제를 튼튼히 뒷받침하라	
결론 여운을 남겨라	

3분 스피치 예문: 나의 친구를 소개합니다

안녕하십니까? ○○○입니다. 저는 오늘 한 친구에 대해서 말씀드리겠습니다. 저에게는 혜진이라는 친구가 있는데요, 우리 회사 사무실에서 만난 친구입니다. 이 친구를 소개하고 싶은 이유는 저에게 동기부여를 많이 해주기 때문입니다.

제가 그동안 아이들을 키우면서 살았어요. 그러다 보니 저를 위한 삶이었다기보다는 가정주부로 또 엄마로 살았죠. 그러다가 애들이 대학 가고 난 후부터 사회생활을 다시 시작했거든요. 처음에는 모든 일이 힘들고 어려웠어요. 어떻게 해야 할지도 모르고요. 그런데 그 친구가 저에게 여러 가지를 알려주고 설명해준 덕분에 제가 사회생활의 고비를 무사히 넘길 수 있었다고 생각합니다.

또 그 친구는 사회성이 뛰어나서 주변 사람들하고 참 잘 지내더라고요. 저는 사람들이 하는 말에 대해서 고개만 끄덕이지 제 생각을 잘 말하지 못하거든요. 그래서 그 친구의 사회성도 배우고 싶습니다. 세 번째로 그 친구는 자투리 시간을 활용해서 부지런히 자기발전을 해요. 일과 중 나머지 시간에 공부도 하고 뭔가 하고 싶은 일이 있으면 계획을 세워서 꼭 그것을 해내고, 그렇다고 일을 게을리하는 것도 아니고 남들보다 더 열심히 많이 하더라고요. 그래서 그 친구를 보면서 '아, 저 친구는 참 본받을 점이 많구나! 나도 저 친구처럼 좀 따라해 봐야겠다'라고 생각했어요. 흔한 말로 나보다 잘하는 사람을 따라하다 보면 그 사람처럼 된다는 말이 있잖아요. 그래서 저는 못 한다고 하지 않고 그 친구를 따라서 부지런히 시간을 활용하게 되었습니다.

결국 그 친구가 했던 공부도 따라 시작하게 되면서 학교도 가게 되었습니다. 이렇게 저에게 많은 동기를 유발하여서 제 삶에 기름칠하는 데 도움을 준 친구입니다. 감사합니다.

3분 스피치 예문: 나의 친구를 소개합니다

안녕하세요, ○○○입니다. 이번에 제 친구에 대해 소개해드리는 발표 기회를 갖게 되었는데요. 제 친구에 대해 소개해드리겠습니다. 이 친구는 제가 고등학교 2학년 때 처음 알게 되었는데요. 그때는 같은 반인데 아주 친하지 않았어요. 이후에 고등학교를 졸업하고 어쩌다 보니 어느새 친하게 지내게 되었거든요. 성격은 막 활발하거나 눈에 띄는 편은 아닌데, 유머 있고 잔잔하고 꾸준한 친구입니다.

이 친구의 장점을 세 가지로 뽑았는데 일단 사람과 만날 때 사람을 수단으로 만나는 것이 아니고 사람을 목적으로 생각합니다. 제 말이 조금 이상하게 들리죠? 예를 들면 밥을 먹으려는 목적을 갖고 밥 먹을 친구 구해서 밥만 먹고 흩어지는 낯선 행동들이 제 주변에서 종종 있거든요. 이런 것이 바로 사람을 수단으로 생각하는 것이죠. 그런데 이 친구는 일단 만나면 무엇을 해야 할지는 상관없고 친구를 만나니까 그 사람에 대해 생각하고 같이 뭘 할지 이야기하는 친구입니다. 이 친구의 이러한 장점을 보면서 배운 게 있는데요, 익숙한 친구이지만 사람을 충분히 존중해준다는 점을 배우고 있습니다.

두 번째는 자신이 꾸준히 뭘 하는지 알려줍니다. 자랑이 아니라 심심할 때 메신저로 '시험 기간이다, 나 뭐 하려고 한다, 뭐 준비한다' 이런 것을 알려주는데 이게 저한테는 도움이 됩니다. 이런 것을 보면 제가 가끔 안주하고 정체되어 있을 때 이 친구의 소식을 보고 나도 뭘 해야겠다 하면서 계속 다시 앞으로 나갈 수 있게 자격을 줍니다.

그 다음 세 번째는 제가 가끔씩 친구들에게 세미나에 같이 갈 사람을 찾아서 물어보거든요. 그러면 같은 전공이고 같은 분야 세미나인데도 안 간다는 친구가 열에 아홉입니다. 그런데 이 친구는 자기 전공이 아니어도 기꺼이 같이 가줍니다. 자신과의 직접적인 이해관계가 있지 않아도 새롭게 배울 것이 있으면 기꺼이 같이 가주는 모습이 정말 고마운 좋은 친구인 것 같습니다.

이 발표를 준비하면서 생각난 게 있는데요. 고대 로마의 마르쿠스 키케로Marcus Cicero의 《노년에 관하여 우정에 관하여Cato Maior de Senectute with Introduction and Notes》라는 책에 있는 내용입니다. 이 책에서 그는 어릴 때 만난 친구보다는 성인 때 만난 친구가 더 가치 있다고 말하는데요. 그 이유는 어릴 때는 단순히 같은 공동체에 있어서 어쩌다가 친구가 되지만 성인이 되어서는 성숙한 생각으로 그 사람을 다시 바라보고 가치를 찾기 때문에 더 가치 있는 친구가 될 수 있다는 것입니다. 저도 이 발표를 준비하면서 제 주변 친구들을 제가 어떻게 생각하고 있고 어떤 가치가 있는지 되돌아볼 수 있는 기회가 되었습니다. 감사합니다.

〈3분 스피치 10. 선의의 거짓말〉

마케도니아의 정복왕 알렉산더 대왕Alexandros the Great이 전쟁을 하던 중이었다. 열 배가 넘는 적군을 맞이하자 알렉산더 대왕의 군대는 두려움에 떨게 된다. 그때 알렉산더 대왕은 자신의 군대를 추스르고 적군을 이길 수 있는 슬기로운 방법을 생각해낸다. 먼저 알렉산더 대왕은 작은 사원에 들러서 정성껏 기도를 올린 후 부하들 앞에 서서 동전 하나를 보여주며 말한다. "여기 이 동전을 보아라. 나는 지금 이 동전을 던질 것이다." 부하들은 알렉산더 대왕의 손에서 반짝이는 동전을 보며 침을 꼴깍 삼켰다. "이 동전에 하늘의 뜻이 담겨 있다. 하늘이 우리에게 승리를 가져다준다면, 동전의 앞면이 나올 것이다." 말을 마친 알렉산더 대왕이 하늘 높이 동전을 던졌다. 결과는 어떻게 되었을까? "자, 보아라! 하늘의 뜻을!" 동전의 앞면이 나오자, 알렉산더 대왕의 군대는 이미 승리한 것처럼 기뻐했다. 그리고 동전이 예언한 것처럼, 열 배가 넘는 적군을 단숨에 무찌르게 되었다. 그런데 알렉산더 대왕의 동전은 사실 양쪽이 모두 앞면으로 되어 있었다. 슬기로운 알렉산더 대왕은 가장 무서운 것은 적의 숫자가 아니라 두려움이라는 걸 알았고 잠깐의 눈속임이지만, 자신이 만든 동전으로 부하들에게 용기를 준 것이다.

장 프랑수아 밀레Jean François Millet와 테오도르 루소Théodore Rousseau의 우정에 대한 이야기로 넘어가 보자. 〈만종The Angelus〉, 〈이삭 줍는 여인들The Gleaners〉로 유명한 밀레는 젊은 시절을 가난하게 지냈다. 사람들에게 그림을 인정받기 전까지 빵을 사먹을 돈도 없어서 끼니를 거르는 날이 많았다. 어느 날 친한 친구인 루소가 찾아왔다. "여보게, 밀레! 좋은 소식이 있네!" "좋은 소식이라니? 그게 뭔가?" "자네 그림을 사겠다는 사람이 나타났네." "그게 정말이야?"

밀레가 놀라서 묻자 루소는 싱글벙글 웃으며 흰 봉투를 내밀었다. "자, 이걸 보게나. 어떤 사람이 내게 와서 자네 그림을 골라달라며 이렇게 선금까지 주고 갔네." 루소가 건넨 봉투 안에는 300프랑이라는 큰돈이 들어 있었고 밀레는 이 돈으로 식량과 땔감을 사서 겨울을 든든하게 보낼 수 있었다.

이후로 밀레의 그림은 사람들로부터 인정받기 시작했고 그림에 더욱 전념할 수 있게 되었다. 세월이 흐른 어느 날, 밀레는 오랜만에 루소의 집을 방문했다. 그런데 벽에 낯익은 그림이 걸려 있었다. 바로 밀레가 그린 〈접목하는 농부farmer grafting a tree〉였다. "아니, 저 그림은? 몇 년 전 자네가 누군가의 부탁을 받고 가져간 것 아닌가? 저 그림이 왜 자네 집에 있는 건가?" "아, 그게 말일세. 그때 저 그림을 산다는 사람이 바로 나였네. 내가 어려운 자네를 돕고 싶은데 그냥 돈을 건네면 자네 자존심이 다칠까 봐 그랬다네." 루소의 배려 덕분에 밀레는 어려움도 견뎌내고 그림도 계속 그릴 수 있었다.

이야기가 있는 3분 스피치 10. 선의의 거짓말

때로는 선의의 거짓말이 필요할 때가 있습니다. 분위기를 부드럽게 만들고, 타인의 실수나 결점을 덮을 수도 있기 때문입니다. 내가 선의의 거짓말을 할 때는 주로 언제인가요? 선의의 거짓말은 어떤 효과를 가져온다고 생각하십니까?

〈스피치 개요서〉

서론 청중을 낚아라	
본론 주제를 튼튼히 뒷받침하라	
결론 여운을 남겨라	

3분 스피치 예문: 선의의 칭찬

안녕하세요. ○○○입니다. 저는 오늘 선의의 칭찬이라는 주제로 말씀을 드려보겠습니다. 여러분들 칭찬을 많이 받아보신 경험이 있나요? 저는 칭찬을 많이 받지 않아서인지 다른 사람을 칭찬하는데도 조금 인색한 편인데요. 칭찬은 참 좋은 것 같아요. 그런데 오늘 주제가 선의의 거짓말인데 제가 선의의 칭찬이라고 발표 제목을 정해서 말씀드리게 된 이유는 선의의 거짓말은 어쨌든, 거짓말이니까 하면 안 될 것 같아서 제목을 조금 바꿔서 선의의 칭찬이라고 해 보았습니다.

제가 선의의 칭찬을 해서 좋은 결과가 나온 적이 몇 번 있었는데요. 가장 기억에 남는 일은 제 직장 후배와의 일입니다. 몇 년 전에 같이 일했던 후배의 일하는 방식이 납득이 안 될 때가 많았어요. 제가 선배이다 보니 지적을 많이 하고 잔소리를 많이 했는데요. 한번은 기대를 안 했는데, 일 처리를 잘했더라고요. 그래서 진짜 후하게 칭찬을 해줬어요. 사실 진짜 잘한 것은 아니었는데 생각보다 잘해서 칭찬을 많이 해줬죠.

그랬더니 굉장히 기뻐하더라고요. 항상 지적만 당하다가, 쓴소리만 듣다가 칭찬을 해주니까, 굉장히 좋아했던 거 같아요. 그래서 또 저도 좋았습니다. 지적하거나 잔소리를 하거나 했던 것보다 서로 간에 훨씬 더 행복했던 것 같아요. 그래서 이후로 저는 선의의 칭찬이 아주 맘에 들지 않지만, 방향을 가지고 독려를 해주는 것, 이런 것이 결과적으로 좋을 수 있겠다는 생각을 했고 예전 후배 입장에서도 능동적으로 움직일 수 있는 동기부여가 되지 않았을까 하는 생각을 해보았습니다.

그런데 선의의 칭찬, 선의의 거짓말 이런 것들이 자칫하면 오해를 받을 수 있잖아요. 영혼 없는 거짓말이 때로는 상대를 화나게 할 수 있거든요. 그러면 어떤 것이 상대방의 거부감을 줄이면서 좋은 의도로 좋은 결과를 도출해낼 수 있는 거짓말일 될 수 있을까? 라는 생각을 또 해봤는데 진짜 선의를 가지고 있어야 할 것 같아요. 어떤 위기를 모면하기 위해서라든지, 아니면 영혼 없는 칭찬 이런 것들은 별로 효과가 좋지 않을 것 같거든요.

그래서 결론적으로 진짜 선의를 가지고 거짓말을 하거나 칭찬을 했을 때, 또한 영혼이 있는 칭찬을 했을 때, 진짜 선의의 거짓말이 좋은 뜻으로 받아들여지고 선의의 칭찬이 되지 않겠냐고 라고 생각해보았습니다. 이상 발표를 마칩니다. 감사합니다.

3분 스피치 예문: 선의의 거짓말은 인간관계의 윤활유가 된다

안녕하십니까? ○○○입니다. 여러분 방송 보도의 첫 번째 원칙이 무엇인지 아십니까? 바로 사실성입니다. 사실을 확인한 후에 거짓이 아니라고 판명되면 뉴스로 내보낼 수 있죠. 이처럼 뉴스나 방송에서는 사실이 가장 중요한데요. 인간관계에서는 사실만을 이야기하면 상처를 주거나 상처를 받을 때가 종종 있는 것 같더라고요. 그래서 저는 선의의 거짓말은 인간관계의 윤활유가 된다! 라는 주제로 말씀드리겠습니다.

제가 선의의 거짓말을 주로 할 때가 언제인가에 대해 한번 생각해 보았는데요. 중요한 일일 경우 사실대로 말하거나, 동의하지 않으면 침묵하는 편이지만 저랑 크게 관계가 없거나 누구에게 피해를 주는 것이 아니면 선의의 거짓말을 하는 편입니다. 예를 들면 사람들이 헤어스타일을 바꾸고 왔을 때 별로 안 어울리는 것 같지만 "정말 잘 어울린다. 예쁘다"라고 말해주는 편이고요. 엄마가 해주신 음식이 입맛에 안 맞을 때도 "참 맛있네, 지금 배부르니까 좀 있다 먹을게요"라고 말하곤 합니다.

제가 전에는 사실을 있는 그대로 이야기하는 편이었어요. 옷이나 헤어스타일이 그 사람에게 안 어울리는 것 같으면 "머리 했네" 혹은 "독특하다" 정도로만 이야기할 뿐 칭찬을 해주진 않았고요. 가장 가까운 엄마에게도 직설적으로 할 말을 하곤 했습니다. 근데 어느 날부터인가 입에서 나오는 대로 말하다 보면 사람들에게 상처를 줄 수 있다는 생각이 들었습니다.

입장을 바꿔서 생각을 해보면 그 사람이 듣고 싶은 말이 있을 텐데 제가 아무 생각 없이 제 느낌이나 감정을 이야기하게 되면 오해가 생길 수 있고 저에게는 아무렇지 않은 표현이 누군가에게는 심한 말일 수도 있다는 것을 알게 되었습니다. 제가 사실을 있는 그대로 솔직하게 이야기했을 때 사람들 표정이 안 좋은 경우가 있더라고요.

엄마는 나중에 '네가 그렇게 말하니까 서운했다. 너무 차가운 거 아니니?'라고 말씀하신 적도 있습니다. 그래서 이후부터는 크게 피해를 주는 일이 아니면 그 사람이 원하는 대답을 해주려고 하고요. 충고나 부정적인 이야기는 상호관계가 형성된 사이가 아니면 잘 안 하게 되었습니다.

이제는 인간관계에서 좋은 게 좋은 거라고 넘어가는 경우가 많아졌는데요. 이게 좋은 것인지 안 좋은 것인지는 잘 모르겠어요. 하지만 선의의 거짓말은 인간관계에 있어 윤활유 역할을 하는 것이라고 생각합니다. 그래서 부드럽게 넘어갈 수 있다면 넘어가는 것이 서로에게 좋은 것 같다는 결론을 내 보았습니다. 감사합니다.

진정성 있는 마음과
꾸준한 연습으로

2017년 안숙선 명창이 소리 인생 60년을 맞아 신문사와 인터뷰한 내용을 읽은 적이 있다. 그는 아홉 살에 소리를 시작해 국악의 대중화와 현대화를 위해 평생을 노력해온 인물이다. 인상적인 부분은 소리 인생 60년에서 고수해온 원칙이었다. 다음은 〈중앙일보〉와의 인터뷰 내용이다.

'소리 인생 60년에서 고수해온 원칙이 있으신가요?'

'첫째, 거짓 소리를 하지 말아야 되겠다는 것입니다. 소리를 진정성 있게 해야 되겠다는 것입니다. 둘째, 하루라도 소리를 쉬지 않는다는 것입니다. 안 하면 제대로 된 소리가 나오지 않습니다. 셋째, 큰마음 훈련입니다. 판소리의 대부분이 극적인 부분이 많아서 소리꾼의 성량이 폭풍을 불어서 관객을 날려 보낼 정도는 되어야 합니다. 이런 점에서 여자로서의 한계는 어쩔 수 없지만 그래도 힘을 보여주고 싶어서 산에도 가보고 좋은 것 많이 먹어보고 하면서 호연지기를 기르고 있습니다.'

이와 비슷한 이야기를 인기 유튜버인 대도서관의 인터뷰에서 읽은 적이 있다. 대도서관은 유튜브 채널의 성공 전략을 묻는 질문에 이렇게 대답했다.

'첫째는 꾸준함이라 할 수 있습니다. 같은 콘셉트, 같은 기획의 영상을 일주일에 적어도 두 개씩은 올려야 합니다. 막상 일주일에 두 번씩 영상 올리는 걸 실제로 할 수 있는 사람은 많지 않습니다. 그리고 두 번째로 처음부터 제대로 짠 기획안이 있어야 합니다. 기획엔 내가 어떤 층에게 영상을 공급할 것인지, 그들과 진정한 소통을 나눌 마음가짐은 준비됐는지도 포함됩니다.'

프로 유튜버, 말하기의 달인이 되고 싶다면 진정성 있는 마음과 꾸준한 연습으로 끈기 있게 시도하는 것이 가장 중요할 것이다. '계란이 스스로 알을 깨고 나오면 병아리가 되고, 다른 사람이 깨면 계란 프라이가 된다'라는 말이 있듯이 여러분 스스로 알을 깨고 나올 수 있도록 지지하고 응원한다. 때로는 당신의 현재 모습보다 당신의 마음이 어디에 있는지, 시선이 어디를 향하는지가 더욱 중요하다. 변화와 성장을 위해 과거보다는 미래에 멋있어질 모습을 상상하며 힘차게 도전하자.

지금 바로 써먹는 유튜브 말하기 수업

초판 1쇄 발행 · 2019년 6월 30일

지은이 · 박민영
펴낸이 · 김동하

펴낸곳 · 책들의정원
출판신고 · 2015년 1월 14일 제2016-000120호
주소 · (03955) 서울시 마포구 방울내로9안길 32, 2층(망원동)
문의 · (070) 7853-8600
팩스 · (02) 6020-8601
이메일 · books-garden1@naver.com
블로그 · books-garden1.blog.me

ISBN 979-11-6416-022-8 03190

· 이 도서의 국립중앙도서관 출판예정도서목록(CIP)은 서지정보유통지원시스템 홈페이지
(http://seoji.nl.go.kr)와 국가자료공동목록시스템(http://www.nl.go.kr/kolisnet)에서 이용하
실 수 있습니다. (CIP제어번호 : CIP2019022467)